Felix Mayer

Ehre als Thema im Ethikunterricht

Ein komplexes soziales Phänomen
jenseits von Stereotypen

Mayer, Felix: Ehre als Thema im Ethikunterricht. Ein komplexes soziales Phänomen jenseits von Stereotypen, Hamburg, Bachelor + Master Publishing 2014
Originaltitel der Abschlussarbeit: Ehre als Thema im Ethikunterricht

Buch-ISBN: 978-3-95820-023-4
PDF-eBook-ISBN: 978-3-95820-523-9
Druck/Herstellung: Bachelor + Master Publishing, Hamburg, 2014
Covermotiv: © Kobes · Fotolia.com
Zugl. Humboldt-Universität zu Berlin, Berlin, Deutschland, Masterarbeit, März 2014

Bibliografische Information der Deutschen Nationalbibliothek:
Die Deutsche Nationalbibliothek verzeichnet diese Publikation in der Deutschen
Nationalbibliografie; detaillierte bibliografische Daten sind im Internet über
http://dnb.d-nb.de abrufbar.

© Bachelor + Master Publishing, Imprint der Diplomica Verlag GmbH
Hermannstal 119k, 22119 Hamburg
http://www.diplomica-verlag.de, Hamburg 2014
Printed in Germany

INHALTSVERZEICHNIS

1. Einleitung

„Die Ehre hat im heutigen Wertgefüge ungefähr den gleichen Rang wie Keuschheit. Wer sie mit Nachdruck verteidigt findet kaum Bewunderung, und wer behauptet, er habe sie verloren, wird eher belächelt, als bemitleidet. Beide Begriffe haben in der Weltanschauung der Modernität eindeutig den Status des Altmodischen, Überholten.“[1]

„Honor is a „timeless and universal phenomenon that represents the axiological total social fact.“[2]

Der Begriff der Ehre weckt widersprüchliche Assoziationen. Auf der einen Seite stehen Bilder von öffentlichen Ehrungen, ehrenwerten Damen und Herren und herausragenden Persönlichkeiten, auf der anderen solche von Ehrenmördern und unterdrückte Frauen. Mit der Ehre sind Hoch- und Geringschätzung zugleich verbunden, je nachdem, um welche Personengruppe es sich handelt. Ich möchte in dieser Arbeit der Frage nachgehen, wie es zu diesem Widerspruch kommt.

Eine Zeitlang wurde die These vertreten, dass Ehre in der „modernen Gesellschaft“ seine Relevanz verloren hat. Im Lichte „moderner“ Werte von Freiheit und Gleichheit erschien Ehre als archaisches Relikt, welches durch zunehmende Rationalisierung und Individualisierung der Gesellschaft dem Untergang geweiht sei[3]. Ehre wurde vor allem von der Anthropologie als ein Wesensmerkmal „traditioneller“[4] Gesellschaften beschrieben und dabei auf die Unterordnung des Individuums unter das Kollektiv und von Frauen unter Männer reduziert[5]. So galt Ehre für lange Zeit als eine „vormoderne“ Praxis, die historisch in die europäische Vergangenheit und geographisch in die europäische Peripherie verlagert wurde. Erst kürzlich wurde der Begriff der Ehre wiederentdeckt, wobei sich zwei Linien des Begriffsverständnisses erkennen lassen. Während die einen „moderne Ehre“ deutlich von der „traditionellen“ abgrenzen[6] und sich damit einer orientalistischen Unterscheidung zwischen „Tradition“ und „Moderne“ bedienen, betonen andere die Kontinuität von früheren und heutigen Praxen der Ehre[7]. Ich argumentiere, dass die Positionen der ersten Linie nicht überzeugen, weil sie auf einer stereotypen Unterscheidung von „traditioneller“ und „moderner Ehre“ beruhen, die der Komplexität sozialer Praxen der Ehre nicht gerecht wird und zur Stigmatisierung „traditioneller Ehre“ beiträgt.

---

1   Berger, „Exkurs über den Begriff der Ehre und seinen Nidergang“, 75.
2   Oprisko, *Honor*, 5.
3   Berger, „On the Obsolescence of the Concept of Honor“.
4   Ich verwende Begriffe, wie „traditionell“, „modern“, „westlich“ oder „Orient“ in Anführungszeichen, um auf ihren konstruierten Charakter hinzuweisen. Ich argumentiere, dass Ehre Teil eines Diskurses ist, der die Unterscheidung „Tradition“/„Moderne“ bzw. „Westen“/„Orient“ erst hervorbringt und „die Tradition“/„den Orient“ gegenüber „der Moderne“/ „dem Westen“ abwertet. Siehe dazu Kapitel 6.
5   Herzfeld, *Anthropology through the Looking-glass*.
6   Krause, „The Politics of Distinction and Disobedience“; Cunningham, *Modern Honor*.
7   Oprisko, *Honor*; Kaufman, „Understanding Honor“.

Aus verschiedenen Gründen, die ich im 2. Kapitel diskutieren werde, halte ich Ehre für ein gut geeignetes Thema für den Ethikunterricht, von denen der wichtigste der ist, dass Ehre alle Menschen in irgendeiner Weise in ethischer Hinsicht tangiert, im Ethikunterricht aber kaum thematisiert wird[8]. Im 3. Kapitel entwickle ich aus den Ergebnissen einer Umfrage unter Schüler_innen einer Berliner Oberschule, sowie einer Untersuchung der sprachlichen Kontexte, die Einfluss auf das zeitgenössische Verständnis von Ehre hatten und haben, wichtige begriffliche Unterscheidungen in Bezug auf die Ehre. Damit zeige ich erstens, dass Ehre für viele Schüler_innen von Relevanz ist, zweitens, dass Ehre ein vielschichtiges soziales Phänomen ist, und drittens, dass das Begriffsverständnis der Schüler_innen gemeinsame und trennende Elemente aufweist. Im 4. Kapitel beschäftige ich mich mit den Stereotypen „traditioneller" und „moderner Ehre", die Ehre auf ein verengtes Begriffsverständnis reduzieren und mit einer Ab- bzw. Aufwertung versehen. Ich argumentiere anhand von empirischen Belegen verschiedener Praxen der Ehre, dass eine verengte Verwendung des Begriffs Ehre die vielfältige Realität nicht adäquat abzubilden vermag. Im 5. Kapitel biete ich eine Erklärung dafür an, warum Ehre im öffentlichen Diskurs oft stereotyp dargestellt wird. Meiner Auffassung nach ist Ehre Teil des hegemonialen Modernisierungsdiskurses, der die „Moderne" von der „Tradition" unterscheidet und Letztere gegenüber der Ersteren abwertet. Im 6. Kapitel schließe ich die Arbeit mit einigen Überlegungen dazu ab, wie die im Rahmen dieser Arbeit diskutierten Themen im Ethikunterricht behandelt werden können.

---

8 Im Berliner Rahmenlehrplan Ethik für die Sekundarstufe I wird Ehre als mögliches Unterrichtsthema nicht genannt und auch in der Ethik-Didaktik habe ich nur einen einzigen Artikel zum Thema Ehre gefunden, der sich jedoch mit dem Ehren*mord* beschäftigt. Berberich, „‚Mord an der Ehre' - Ein philosophisches Theaterprojekt zum Thema ‚Ehrenmord'".

2. WARUM EHRE UNTERRICHTEN?

„Warum Ehre für die Ethik bedeutsam ist, wird deutlich, wenn wir uns den Zusammenhang zwischen Ehre und Achtung oder Respekt vor Augen führen. Denn Achtung und Selbstachtung sind zweifellos gleichfalls ein wichtiges menschliches Gut, das ... zu einem guten Leben beiträgt."[9]

Warum sollte sich Ethikunterricht mit dem Thema Ehre beschäftigen? Ist Ehre nicht ein Wert, der längst vergangenen, „vormodernen" Zeiten angehört? Sollte bestehenden Identifikationen mit dem Wert der Ehre nicht mit der Beförderung liberaler Werte begegnet werden? Ich möchte argumentieren, dass Ehre eine aktuelle Relevanz hat – und zwar nicht nur unter Minderheitenangehörigen – und deshalb im Ethikunterricht thematisiert werden sollte.

2.1 Einordnung in den Rahmenlehrplan

Das Thema Ehre berührt viele ethische Fragestellungen und kann auf fast alle Themenbereich die im Berliner Rahmenlehrplan für das Fach Ethik[10] genannt werden, angewendet werden. Ehre hat Etwas mit Identität (Themenfeld 1) zu tun, denn durch die Identifizierung mit individuellen und kollektiven Normen ehrenhaften Verhaltens erwirbt das Individuum seine Identität. Ehre ist eine Schnittstelle von Freiheit und Verantwortung (TF 2), denn diese Normen können das Individuum zu Handlungen für die Gemeinschaft veranlassen, aber auch zu sozial nicht akzeptiertem Verhalten. Das Individuum sieht sich zugleich den Anforderungen ehrenhaften Verhaltens, die eher durch sein soziales Umfeld repräsentiert werden, und die Normen des Rechts und der Gerechtigkeit (TF 3), die von staatlichen Institutionen eingefordert werden, wobei sich diese Normen manchmal widersprechen. Ehre hat auch mit Diskriminierung (TF 4, Mensch und Gemeinschaft) zu tun, denn Menschen, die sich mit dem Wert der Ehre identifizieren, sind Objekt gesellschaftlicher Stigmatisierung. Da die Normen ehrenhaften Verhaltens oft internalisiert sind, ist eine Normverletzung häufig mit dem Gefühl von Schuld und schlechtem Gewissen (TF 5, Pflicht und Gewissen) verbunden.

2.2 Ziele moralischer Bildung

Der Ethikunterricht ist eine spezifische Form moralischer Bildung innerhalb liberal-pluralistischer Gesellschaften. In liberalen Gesellschaften ist die Schule einerseits liberalen Werten (Freiheit, Gleichheit, Autonomie, Gerechtigkeit), andererseits dem Gebot des Pluralismus und der weltan-

---

9 Appiah, „Eine Frage der Ehre oder Wie es zu moralischen Revolutionen kommt.", 13.
10 Senatsverwaltung für Bildung, Jugend und Wissenschaft, „Rahmenlehrplan Ethik für die Sekundarstufe I".

schaulichen Neutralität verpflichtet. Ethikunterricht versucht, die Gratwanderung zwischen der Vermittlung liberaler Werte und der weltanschaulichen Neutralität zu gehen.[11] Oft wurde dem Ethikunterricht die Aufgabe zugewiesen, Jugendliche durch Werteerziehung auf die Partizipation an der demokratischen Gesellschaft vorzubereiten, welche auf reflektierte Staatsbürger_innen, die kompetent mit gesellschaftlicher Vielfalt umgehen, angewiesen ist.[12] Diese Forderung wurde jedoch von mehreren Seiten kritisiert. Multikulturalist_innen und Kommunitarist_innen kritisieren, dass die Beförderung liberaler Werte, wie Freiheit und Autonomie, welche substanzielle ethische Prämissen darstellen und alles andere als weltanschaulich neutral seien, die kulturelle Identität von religiösen und ethnischen Minderheiten gefährde.[13] oft berufen sie sich dabei auf die Kritik an John Rawls, dass auch der „regulierende Rahmen" liberaler Werte, innerhalb dessen Individuen ihre *comprehensive doctrines of the good* verfolgen, substanzielle (*comprehensive*) normative Setzungen enthalten, die nicht universalisierbar seien, etwa die Annahme, dass Güter individuell, nicht kollektiv verankert seien[14]. Aber auch von liberaler Seite wurde die Forderung, Ethikunterricht solle liberale Werte vermitteln, kritisiert. Kirsten Meyer kritisiert, dass die Forderung nach der Vermittlung liberaler Werte nur in Bezug auf diejenigen Werte gilt, die nicht vernünftigerweise umstritten sind, z.B. sich nicht gegenseitig zu verletzen. Viele andere Werte seien jedoch in der Moralphilosophie umstritten, weshalb sich moralische Bildung nicht auf eine Position festlegen könne. Sie sieht den spezifischen Beitrag, den der Ethikunterricht zur schulischen Bildung leisten kann darin, „die Fähigkeit (zu) befördern, über grundlegende moralische Normen und Werte zu reflektieren und dadurch vernünftiger miteinander reden und umgehen zu können".[15]

Wenn dieser Argumentation zugestimmt wird, dann darf sich der Ethikunterricht nicht nur auf aus Sicht der liberalen Gesellschaft vermeintlich beförderungswürdige Werte wie Gerechtigkeit, Autonomie und Toleranz beschränken. Es müssen alle normativen Einstellungen Berücksichtigung finden, die Schüler_innen wichtig sind. Ehre ist einer der Werte, die auf der einen Seite den Wertehori-

---

11 Im Berliner Rahmenlehrplan Ethik für die Sekundarstufe 1 wurde dafür die folgende Formel gefunden „Das Fach Ethik wird bekenntnisfrei - also religiös und weltanschaulich neutral - unterrichtet. Eine festlegende oder indoktrinierende Darstellung einer einzelnen Position hat zu unterbleiben. Dennoch ist der Unterricht nicht wertneutral. Die Jugend soll im Geiste der Menschlichkeit, der Demokratie und der Freiheit erzogen werden. Dazu gehören Toleranz und Achtung anderer Überzeugungen, Verantwortung für die Erhaltung der natürlichen Lebensgrundlagen und Vermeidung gewaltsamer Konfliktlösungen."

12 Kirsten Meyer hat eine Broschüre der Berliner Senatsverwaltung zur Erklärung, warum das neue Schulfach Ethik eingeführt zitiert, die dem Ethikunterricht die Aufgabe zuweist, durch Werteerziehung zur Lösung der Probleme einer pluralistischen Gesellschaft beizutragen. Meyer, „Moralische Bildung im Philosophie- und Ethikunterricht", 232.

13 Galston, „Two Concepts of Liberalism".

14 Gray, „Rawls and the Problem of Honour"; Rawls, *Political Liberalism*.

15 Meyer, „Moralische Bildung im Philosophie- und Ethikunterricht", 232.

zont vieler Schüler_innen prägen, der auf der anderen Seite jedoch von liberaler Seite weitgehend als illiberal abgelehnt wird[16] und daher in Debatten um moralische Bildung kaum Berücksichtigung findet. Wenn überhaupt, dann wird es zu ihrem Ziel erklärt, Jugendliche zur Abkehr von „traditionellen" Wertvorstellungen zu bewegen, die sie an der Partizipation in der liberalen Gesellschaft hindern, zu denen Ehre gezählt wird. Wenn jedoch Ethikunterricht zur ergebnisoffenen Reflexion anregen soll, müssen auch mit der liberalen Wertordnung vermeintlich in Konflikt stehende Normen zum Unterrichtsthema werden. Ehre ist einer dieser Werte. Eine Auseinandersetzung mit ihr im Ethikunterricht kann Jugendlichen, ob sie den Wert der Ehre teilen oder nicht, zu ihrem besseren Verständnis verhelfen, indem aus Kommunikation und Austausch Empathie und ein Bewusstsein für Gemeinsamkeiten hervorgeht.

2.3 Gemeinsames und Trennendes

Ich möchte in dieser Arbeit zeigen, dass Ehre alle Menschen unabhängig von ihrer kulturellen Herkunft betrifft. Auch wenn nur eine Minderheit von Jugendlichen Ehre explizit zu ihren normativen Orientierungen zählt, ist das, was mit Ehre gemeint ist, ein soziales Phänomen, welches nicht nur Jugendliche mit Wurzeln in „traditionellen Gesellschaften" betrifft. Auch wenn der Begriff der Ehre vor allem in Bezug auf Einwander_innen Verwendung findet, sind Fragen des Erwerbs von sozialem Status, des Aushandelns von Statusunterschieden und des Selbstwertgefühls, die noch bis ins 20. Jahrhundert unter dem Begriff Ehre subsumiert wurden, soziale Realitäten, die alle Menschen und Gesellschaften prägen.

Die Auseinandersetzung mit dem Begriff der Ehre kann Jugendliche dazu anregen, über diese Fragen ins Gespräch zu kommen. Im Ethikunterricht geht es auch darum, den sozialen Umgang im eigenen sozialen Umfeld zu reflektieren. Für diesen spielen die Normen des Zusammenlebens sowie der Erwerb von Ansehen und Selbstwertgefühl eine wichtige Rolle. Der Begriff der Ehre hat, wie ich zeigen werde, viele Facetten. Jedoch bezeichnet er fast immer eine Eigenschaft, die durch an bestimmten Normen des Zusammenlebens orientiertes Verhalten erworben wird bzw. durch ihnen widersprechendes Verhalten verloren geht. Es ist damit geeignet, sich über Gemeinsames und Trennendes zugleich auszutauschen. Gemeinsam haben alle Individuen die Erfahrung, dass ihr Ansehen und in gewissem Maße auch ihr Selbstwert daran hängen, ob sie bestimmten Normen entsprechen können. Die eine Schülerin erwirbt z.B. einen guten Ruf, weil sie einem ungerechten Lehrer die Stirn bietet und sein Verhalten vor der Klasse kritisiert, die andere weil sie in der Pause heimlich

16 Vgl. Krause, *Liberalism with honor.*

5

raucht. Ein anderer Schüler hingegen hat zwar keinen guten Ruf, denn er wird als Streber bezeichnet, erwirbt jedoch durch seine schulischen Erfolge und Auszeichnungen bei Olympiaden ein hohes Selbstwertgefühl. Das Trennende der Ehre besteht darin, dass in unterschiedlichen sozialen Kontexten unterschiedliche Normen ehrenhaften Verhaltens Geltung haben. Die eine Schülerin wird dafür bewundert, dass sie sich für eine gerechte Behandlung von Schüler_innen einsetzt, die andere für ihr delinquentes Verhalten. Der Schüler dagegen verletzt zwar die Norm der jugendlichen Coolness, sich schulisch nicht zu sehr hervorzutun, um nicht als Streber zu gelten, erfüllt hingegen seine individuelle Norm, nach der schulische Erfolge etwas Ehrenvolles sind.

Mit dem Begriff der Ehre ist Gemeinsames und Trennendes verbunden. Es kann eine universale und eine partikulare Dimension von Ehre unterschieden werden. Anhand des Begriffs können Schüler_innen im Ethikunterricht zum Austausch und zur Reflexion über gemeinsame Erfahrungen und solche, die uns trennen, anregen. Im Ergebnis ist ein in Bezug auf andere stärkere Empathie zu erwarten, die auf der Einsicht beruht, dass auch sie mit ähnlichen Herausforderungen konfrontiert sind, die jedoch auch deutliche Unterschiede von den eigenen aufweisen. Außerdem kann die Reflexion darüber, welchen Stellenwert Ehre für die Schüler_innen selbst hat und was sie darunter verstehen, dazu beitragen, dass sie ihre eigenen Ansichten kritisch hinterfragen.

2.4 Stigma Ehre

Wie bereits erwähnt, ist Ehre nicht nur positiv besetzt. Während Ehre einerseits als eine Auszeichnung betrachtet wird, die herausragenden Persönlichkeiten zu teil wird, wird Ehre andererseits mit Gewalt gegen Frauen und die Unterordnung des Einzelnen unter die Familienehre in Verbindung gebracht. Ehre in letzterer Hinsicht ist Gegenstand von Stigmatisierung, so dass „Kulturen der Ehre"[17] gegenüber der „modernen" Gesellschaft abgewertet werden, indem Ehre auf die Unterordnung des Individuums unter die Gruppe, unmoralische Einstellungen und Gewalt reduziert wird.[18] So erfahren Schüler_innen, in deren Wertehorizont der Begriff der Ehre einen wichtigen Stellenwert einnimmt, die Abwertung ihrer Wertorientierungen durch die Mehrheitsgesellschaft. Eine Beschäftigung mit Ehre im Ethikunterricht sollte aus zwei Gründen vermeiden, das Stereotyp „traditioneller Ehre" zu reproduzieren. Erstens verstellt es den Blick auf die Vielfalt der sozialen Praxen, die sich,

---

17 Ruth Benedict machte die Unterscheidung zwischen „traditionellen Kulturen" der Ehre/Schande und „modernen Kulturen" der Pflicht/Schuld berühmt, die Gesellschaften nach ihren normativen Grundlagen dichotom unterschied und damit zum Ausschluss von Ehre aus der „Moderne" bei, die ich in dieser Arbeit beschreibe. Benedict, The Chrysanthemum and the Sword; Vgl. Kaufman, „Understanding Honor", 562ff.
18 Ewing, *Stolen honor*, 28.

wie ich zeigen werde, hinter dem Begriff Ehre verbergen. Zweitens kann das oben (2.2) formulierte Ziel moralischer Bildung die Reflexion über eigene Wertorientierungen nur dann erreicht werden, wenn Jugendliche nicht von vornherein das Gefühl vermittelt bekommen, ihre normativen Orientierungen seien minderwertig. Werden die Werte von Schüler_innen pauschal abgewertet, so kann dies Auswirkungen auf ihren Selbstwert haben. Erst ein Klima der ergebnisoffenen Reflexion, wo das Festhalten an eigenen Werten auch auf einer reflektierten Basis nicht ausgeschlossen ist, kann eine ernsthafte Auseinandersetzung mit eigenen Werten ermöglichen.

Darüber hinaus kann am Begriff der Ehre auch ein Verständnis dafür vermittelt werden, dass Werte in eine hierarchische Ordnung eingebettet sind. Liberale Werte werden oft als anderen Werten, wie z.B. der Ehre, der Keuschheit oder der Frommheit gegenüber überlegen angesehen. Gerade Werte, die in afrikanischen und nahöstlichen Gesellschaften verbreitet sind, sind Gegenstand von Stigmatisierung und Abwertung.[19] Am Beispiel der Ehre können Schüler_innen ein besseres Verständnis für rassistische und orientalistische Diskurse in der Diskussion um Werte erwerben.

Die Tatsachen, dass Ehre erstens viele ethische Fragestellungen berührt, die im Ethikunterricht thematisiert werden, dass sie zweitens ein Wert ist, der für viele Schüler_innen wichtig ist, drittens ein wichtiges Analysekonzept für das Verhältnis zwischen Individuum und Gruppe darstellt und viertens Gegenstand gesellschaftlicher Stigmatisierung ist, von der auch Schüler_innen betroffen sind, spricht dafür, Ehre im Ethikunterricht zu behandeln.

---

19 Seelmann-Park, „Universal Values or the Tyranny of Values".

3. MULTIDIMENSIONALE EHRE

Ehre, das sei „aber ein weites Feld", „ein komplexes Thema", „schwierig zu bestimmen". Dies habe ich oft zu hören bekommen, wenn ich verschiedene Menschen danach fragte, was sie unter Ehre verstehen. Es herrscht Unsicherheit, was die Definition von Ehre angeht. Bei weiterem Nachfragen zeigt sich jedoch, dass fast jeder eine Vorstellung davon hat, was mit Ehre gemeint ist. oft werden dabei alternative Begriffe wie Respekt, Achtung, Stolz und Anerkennung gebraucht. Ich habe in vielen Gesprächen wertvolle Hinweise bekommen, welch breites Spektrum an Bedeutungen hinter dem Wort Ehre verborgen liegt. Am systematischsten habe ich diese Herangehensweise in einer Umfrage unter Schüler_innen an einer Berliner Sekundarschule verfolgt. Da ich in meiner Arbeit die Möglichkeiten der Thematisierung des Begriffs der Ehre im Ethikunterricht untersuchen möchte, erschien es mir ratsam, Schüler_innen zu fragen, was Ehre für sie bedeutet. Angesichts des breiten Begriffsspektrums, welches schon bei einer Befragung von nur 21 Schüler_innen aufgezeigt wurde, bietet sich die Methode des Schülerbefragung auch als Ausgangspunkt einer Beschäftigung mit dem Thema Ehre im Ethikunterricht an. Ausgehend von den Ergebnissen können wichtige begriffliche Unterscheidungen in Bezug auf die Ehre entwickelt werden. Nach einer Diskussion der Beiträge der Schüler_innen, möchte ich einige begriffsgeschichtliche Überlegungen zur Ehre anschließen. Auch anhand einer Diskussion der verschiedenen sprachlichen Kontexte, die in das zeitgenössische Ehrverständnis Eingang gefunden haben, stellt sich Ehre als ein multidimensionales Phänomen heraus.

3.1 Was verstehen Schüler_innen unter Ehre?

Für die Schüler_innen war es nach eigener Aussage nicht einfach, begrifflich festzumachen, was Ehre eigentlich genau sei. Viele Fragen tun sich bei der Beschäftigung mit der Ehre auf, z.B. Folgende: Was ist Ehre eigentlich? Eine Eigenschaft ('Ich besitze Ehre.')? Ein Tun ('Ich verhalte mich ehrenhaft.')? Ein Erfahren ('Ich werde geehrt.')? Eine Norm ('So verhält sich der Mensch von Ehre.')? Ist Ehre eher etwas, das ein Individuum von außen erfährt (Reputation) oder etwas, das es selber über sich denkt (Selbstachtung)? Wird Ehre durch eigenes Verhalten oder durch das anderer (z.B. Familienmitglieder) erworben? Ist Ehre etwas, das alle Menschen besitzen (so etwas Ähnliches wie Würde) oder nur einige als Zeichen ihrer Exzellenz? Was hat Ehre mit Moral zu tun? Ist Ehre etwas, dass das Individuum für gute Taten auszeichnet oder sozialer Zwang, der unmoralische Taten gebietet? Anhand der Schüler_innenaussagen möchte ich zeigen, dass diese Fragen zumeist nicht mit einem entweder-oder zu beantworten sind. Unterschiedliche Begriffsverständnisse von Ehre beschreiben unterschiedliche soziale Realitäten.

(a) kategoriale Einordnung

Allein bezüglich der Frage, was Ehre kategorial eigentlich darstellt, lässt sich zeigen, dass Ehre Verschiedenes zugleich ist, ein Tun, ein Erfahren, eine Eigenschaft und eine Norm. In einer Hinsicht kann *Ehre als ein Tun* beschrieben werden. Ehre besteht demnach darin, sich ehrenhaft zu verhalten. „Ich verstehe unter Ehre sich freundlich gegenüber anderen zu verhalten."[20] Was ehrenhaftes Verhalten ist, kann ganz unterschiedlich verstanden werden. Die Schüler_innen bezeichnen verschiedene moralische („keine asozialen oder beleidigende Aktionen"[21]), sozial erwartete („gut in der Schule sein"[22]) und mutige („sich den Sachen stellen die auf einen zu kommen"[23]) Verhaltensweisen als ehrenhaft.

In anderer Hinsicht ist *Ehre etwas, das empfangen wird,* indem man verehrt oder geehrt wird. „man kann auch verehrt werden (z.B. Stars). man kann aber auch einen Ehrenpreis bekommen"[24]. Die Ehrung kann in Zusammenhang mit ehrenhaften Verhalten stehen, denn oft wird sie vollzogen, um Letzteres zu belohnen. „man beehrt jemanden für gute Taten." [25]

Darüber hinaus stellt *Ehre* auch *eine Eigenschaft* dar. Ehre besitzen kann sich einerseits auf das Ansehen beziehen. „Ehre ist für mich wie ein Rang."[26] Andererseits paraphrasieren die Schüler_innen Ehre mit Stolz, eine Form von Selbstwertgefühl. „Ehre ist für mich Stolz über sich selbst zu haben und auf sich zu sein."[27]

Schließlich beinhaltet Ehre auch *die Norm des Ehrenhaften,* die soziokulturell und individuell unterschiedlich definiert, welches Verhalten ehrenhaft und welches ehrlos ist. An ihr kann das Verhalten des Einzelnen gemessen und dieser ermahnt werden, sich nach ihr zu richten. „Zum Beispiel bei dem Spruch: »Hast du keine Ehre?«, den ich öfters höre, wenn Leute etwas gemacht haben, bei dem andere denken, man sollte sich dafür schämen."[28] Es muss jedoch zwischen kollektiven und individuellen Normen des Ehrenhaften unterschieden werden, die miteinander in Konflikt stehen können.

---

20 Zitat Schüler_in 17. Alle Zitate diesem Abschnitt sind, sofern nicht anders gekennzeichnet, Zitate von Schüler_innen aus der Befragung zum Thema Ehre. Die Zitate wurden, wo es nicht den Inhalt verfälscht, auf Rechtschreibung korrigiert. Die unkorrigierten Antworten sind im Anhang zu finden.
21 Schüler_in 15.
22 Schüler_in 17.
23 Schüler_in 15.
24 Schüler_in 9.
25 Schüler_in 5.
26 Schüler_in 6.
27 Schüler_in 13.
28 Schüler_in 12.

(b) Reputation oder Selbstwertgefühl

Die Alternativen in Bezug auf den Erwerb von Ehre lassen sich auf unterschiedliche Handlungsmotive zurückführen. Dem einen geht es um Stolz oder Selbstwertgefühl, der anderen um Ansehen oder Reputation, dem dritten um beides. Ehre kann damit in eine innere und eine äußere Dimension unterschieden werden, wobei das Streben nach Ehre in der Realität oft in einer Kombination aus beiden Handlungsmotiven besteht.

Die *äußere Ehre* ist der eigene soziale Status, das Ansehen bzw. die Reputation. Wer nach äußerer Ehre strebt, dem geht es darum, „einen guten Ruf zu haben"[29]. Für die innere Ehre ist entscheidend, das zu tun, was man selbst für richtig hält. Die Meinung der anderen ist zweitrangig. „Für mich ist Ehre eher etwas, das von einem selbst kommt, worauf man stolz sein kann."[30] *Innere Ehre* beruht auf der eigenen Authentizität. „ich habe Stolz ... für den ich stehe also dazu stehe das ich bin wie ich bin und nicht wie die anderen – Das Wollen ist Ehre"[31]. Allerdings ist die innere Ehre auch mit der äußeren verbunden. Ansehen wird nicht nur durch sozial erwünschtes Verhalten erworben, sondern auch, indem man zu sich und seinen Überzeugungen auch gegen soziale Widerstände steht. „ ... Ehre ist für mich auch noch, dass man sich selbst treu bleibt, denn wenn man sich verstellt verlieren die Menschen das Ehrgefühl vor Dir."[32] So kann der Verlust an Reputation innerhalb einer bestimmten Gruppe mit einem Gewinn an Reputation in einer anderen Gruppe verbunden sein und umgekehrt.

(c) Kollektive und individuelle Ehre

Ehre ist nicht nur eine individuelle Eigenschaft, sondern kann auch Kollektiven zu eigen sein, wobei die individuelle Ehre Einfluss auf die kollektive hat und umgekehrt die kollektive auf die individuelle. So kann das Verhalten eines Familienmitglieds die Ehre der gesamten Familie betreffen. „Wenn man etwas in der Familie machen muss (Kopftuchtragen) und es nicht tut ist es eine Verletzung der Familienehre! Also Schande!"[33] Umgekehrt kann das Ansehen einer Familie ein Familienmitglied mit Stolz erfüllen. „Für mich ist ehre ein Gefühl, das den Stolz meiner und meiner Familie beschreibt."[34] Auch größere Kollektive können Ehre besitzen. So stellen einige individuelles Verhalten in den Kontext nationaler Ehre. „man sagt ja auch »für die Ehre meines Landes«, damit ist mei-

---

29 Schüler_in 17.
30 Schüler_in 2.
31 Schüler_in 8.
32 Schüler_in 19.
33 Schüler_in 10.
34 Schüler_in 18.

ner Meinung nach gemeint, für den Ruf meines Landes."[35] Auf den „Ruf" eines Landes kann aber auch die einzelne Staatsbürgerin stolz sein. „(Ich verstehe unter Ehre) Stolz zur Nationalität."[36]

Auch ohne Bezugnahme auf kollektive Ehre kann das Verhalten des einen Einfluss auf die Ehre des anderen haben. Dies gilt z.B. für Eltern und ihre Kinder. „Also wenn ich an den Begriff Ehre denke, denk ich immer dann das meine Mutter eine Ehre auf den Spiel zu stehen hat, z.b. wenn ich rauche, dann denkt man ja ich hab's von meinen Eltern und dann denkt man ja schlecht über meine Mama."[37] Es gilt auch für Beziehungspartner: „man hört öfters von Jugendlichen (männl.), dass wenn jemand z.b. die Freundin des einen geküsst hat, das er damit seine Ehre verletzt hat oder beschmutzt."[38] In gleichberechtigten Beziehungen kann das Bewusstsein für die kollektive Ehre das Verantwortungsgefühl des Einzelnen stärken. „Ehre ist für mich, dass man z.B. zu seiner Familie steht, oder auch zu seinen Freunden und dem/r Beziehungspartner/in."[39]

(d) Allgemeine und besondere Ehre

Ist Ehre etwas, das man besitzt, aber durch unehrenhafte Taten verlieren kann oder etwas, das man durch ehrenhafte Taten erst erwerben muss? Die meisten Schüler_innen sind der Meinung, dass es normal ist, Ehre zu besitzen. „Hat man Respekt vor dir wirst du normal behandelt"[40]. Jedoch kann Ehre durch ehrenhafte Taten zu- und durch unehrenhafte abnehmen. „Unter Ehre verstehe ich, dass jeder Mensch seine eigene Ehre besitzt und je nachdem, wie er sich verhält, wächst oder schrumpft sein Ehre, z.B. wenn man offen, ehrlich und freundlich ist und Respekt zeigt kann man sich seine Ehre aufbauen aber durch keinen Respekt und Unfreundlichkeit kann die Ehre auch sehr schnell schrumpfen."[41] Demnach wird Ehre durch gutes Verhalten erworben und kann durch schlechtes abnehmen oder verschwinden. Diese Form der Ehre möchte ich als *allgemeine Ehre* bezeichnen. Sie wird eher vom Einzelnen erwartet, als dass er sich damit auszeichnen könnte. Es gibt aber auch eine Ehre, für die exzellentes, herausragendes Verhalten Voraussetzung ist. „Wenn man eine bestimmte Würde trägt / etwas Besonderes gemacht hat"[42]. Diese Art von ehrenhaften Verhalten ist Gegenstand öffentlicher Ehrungen. Ich möchte sie als *besondere Ehre* bezeichnen.[43] Wir müssen also unterscheiden zwischen der allgemeinen, die man zwar verlieren kann, aber behält, wenn man sich den allge-

---

35 Schüler_in 3.
36 Schüler_in 16.
37 Schüler_in 4.
38 Schüler_in 2.
39 Schüler_in 19.
40 Schüler_in 6.
41 Schüler_in 14.
42 Schüler_in 9.
43 Allgemeine Ehre wurde auch als horizontale, besondere als vertikale bezeichnet, vgl. Stewart, *Honor*, 59f.

meinen Normen ehrenhaften Verhaltens gegenüber konform verhält, und der besonderen Ehre, die man sich durch besondere Taten verdienen muss.

(e) Ehre und Moral

Wie ist das Verhältnis von Ehre und Moral? oft sind es genuin moralische Verhaltensweisen, die als ehrenhaft bezeichnet werden (zum Wohle anderer handeln; anderen z.B. bei Mobbing helfen; Respekt zeigen; ehrlich sein[44]) In anderen Fällen sind es eher Konventionen oder Rollenerwartungen (nicht rauchen; gut in der Schule sein[45]). Von einigen dieser Konventionen grenzen sich die Schüler_innen auch eindeutig ab (Ehre, die an die Sexualität der Partnerin oder weibliche Keuschheit geknüpft ist; Kopftuchtragen; Ehrenmord[46]). Die Normen der Ehre können, müssen aber nicht moralische Imperative enthalten. Es kann auch keine klare Verbindung von moralischem Verhalten und innerer Ehre hergestellt werden, denn wenn innere Ehre darin besteht, dass man selbst von der Gültigkeit der Norm des Ehrenhaften überzeugt ist, nach der man handelt, besagt das noch nicht, dass diese Norm moralisch ist. Wenn jemand von der Richtigkeit einer unmoralischen Tat völlig überzeugt ist, erwirbt er durch diese Tat Selbstwertgefühl. Allerdings wird sie ihm wahrscheinlich nicht als unmoralisch erscheinen, weil die Normen ehrenhaften Verhaltens seine Vorstellungen des moralisch Richtigen prägen.

(f) Fazit

Ich habe gezeigt, dass Ehre ein soziales Phänomen mit vielen Dimensionen ist, das auch heute für junge Menschen eine Bedeutung hat. Mit dem Begriff lässt sich das nicht voneinander zu trennende Streben nach Reputation und Selbstwertgefühl beschreiben. Er stellt eine Verbindung zwischen individuellen und kollektiven Normen des Ehrenhaften her. Er weist sowohl egalitäre als auch hierarchische Momente auf. Ehre kann etwas mit Moral zu tun haben, muss dies aber nicht notwendig.

Je nach sozialem Kontext treten unterschiedliche Dimensionen in den Vordergrund. Die Schüler_innen haben Ehre im schulischen, familiären, medialen und anderen Kontexten beleuchtet und Begriffe von Ehre formuliert, die viele Unterschiede aber auch Gemeinsamkeiten aufweisen. Im Ethikunterricht sollten einerseits die Unterscheidungen und andererseits ein Bewusstsein für das Gemeinsame der Ehre klarer herausgearbeitet werden.

---

44 Schüler_innen 18, 11, 14.
45 Schüler_innen 4, 17.
46 Schüler_innen 16, 10.

3.2 Begriffsgeschichtliche Überlegungen

Ehre hat eine umfangreiche Begriffsgeschichte aufzuweisen, in der sie Verschiedenes in unterschiedlichen sozialen, sprachlichen und historischen Kontexten bedeutete. Das zeitgenössische Verständnis von Ehre wurde sowohl durch die germanische als durch die griechische und lateinische „Tradition" geprägt. oft vernachlässigt wird der Beitrag des nahöstlichen Diskurses. Zwar taucht in Publikationen, die sich mit der Thematik der Ehrenmorde beschäftigen, in der Regel eine etymologische Untersuchung des Gebrauchs von Ehre z.B. im Türkischen oder Arabischen auf.[47] Ich bin bislang aber auf noch keine Untersuchung gestoßen, welche die nahöstlichen Traditionslinien des Begriffs mit den griechisch/lateinischen und germanisch/deutschen zusammenführt. Wie ich durch die Schülerbefragung feststellen konnte, vermischen sich im zeitgenössischen Diskurs um die Ehre, wie er unter Schüler_innen geführt wird, diese Traditionslinien[48], weshalb ich hier einige Bemerkungen zu den Gemeinsamkeiten und Unterschieden zwischen ihnen machen möchte. Eine intensive etymologische Unterscheidung kann ich hier jedoch nicht vorlegen, wenngleich sie meiner Meinung nach von besonderer Bedeutung für die Frage ist, welche Rolle Ehre heute spielt.

(a) Griechisch / Lateinische Tradition

In der griechischen Tradition wird Ehre durch zwei Begriffe ausgedrückt, *timē* und *eudoxia*. *Timē* ist die Ehrung als „erwiesenes Zeichen der Anerkennung seines Rufs als eines um das Wohlergehen anderer verdienten Mannes"[49]. Aus ihr geht die *endoxia* (der gute Ruf) einer Person hervor, „das von allen als trefflicher Mann angesehen werden"[50]. Geehrt wird und einen guten Ruf hat nach diesem Verständnis, wer sich tugendhaft verhält. Die Ehrung ist sodann die Anerkennung, dass jemand *arete* (die Tugend) besitzt, der gute Ruf das Ansehen eines Mannes als tugendhaft.[51] Ehre war für die Griechen mehr etwas Erworbenes, welches den Einzelnen als besonders tugendhaft herausstellte und ihm eine besondere soziale Stellung einbrachte.[52]

Auch im Lateinischen wurden die zwei Begriffe *bona fama* (guter Ruf) und *honor* (Ehrung) in Zusammenhang gebracht. Den guten Ruf erwarb man als Anerkennung der „Trefflichkeit des verdienten Mannes" durch Ehrung, wobei im Gegensatz zur griechischen *timē*, für die „Anerkennung und

---

47 Baxter, „Honor thy sister"; Schiffauer, *Die Gewalt der Ehre*.
48 In der Befragung verstehen einige Schüler_innen Ehre als Familienehre, andere als Individuelle Eigenschaft, einige nehmen Bezug auf sexuelle Normen, andere eher auch Normen der Leistung usw. Im Begriffsverständnis der Schüler_innen vermischen sich damit Elemente von Ehre, die im herrschenden Diskurs „modern"/„westlichen" und „traditionell"/„orientalischen" Kontexten zugeschrieben werden.
49 Reiner, „Ehre", 320.
50 Aristoteles, *Rhetorik. De arte rhetorica <dt.>*, 1361 a 25–27.
51 Aristoteles, *Nikomachische Ethik*, 1095 b 23–30.
52 Reiner, „Ehre", 320.

Achtung in Worten und allgemeinem Verhalten der Mitbürger genügen, ... zum *honor* die offizielle Ehrung seitens einer öffentlichen Institution"[53] gehört. Damit einhergehend trat der Aspekt der Tugend in den Hintergrund, da der gute Ruf sukzessiv in öffentlichen Ehren unterging, so dass Cicero sich bemüßigt fühlte, den Begriff *honestum* (das Ehrenhafte) einzuführen, welchen er als innere Sittlichkeit definierte.[54] Sowohl in der griechischen als auch in der lateinischen Tradition konnten nur freie Männer Ehrung empfangen und einen guten Ruf haben. Sklaven, Frauen und Kinder hingegen konnten diesem Verständnis nach keine Ehre erwerben.[55]

In der griechisch/lateinischen Tradition überwiegt demnach das äußere Verständnis von Ehre. So ist Ehre als der gute Ruf eine äußere, kollektive Bewertung des individuellen Verhaltens. Sie wird durch die Ehrung erst hervorgebracht. Dies heißt jedoch nicht, dass es den Griechen und Römern nur darum ging, Ehre zu erwerben, ohne nach dem Guten zu Streben. Das, was später als innere Ehre bezeichnet wurde, also ein von der Meinung anderer unabhängiger Sinn für moralisch gutes Verhalten, ist bei Aristoteles die Tugendhaftigkeit, bei Cicero das Ehrenhafte (*honestum*). Aus einem inneren Sinn für das Gute solle das Individuum sich tugendhaft verhalten, während die Ehrung die Auszeichnung dieses Verhaltens durch die Gesellschaft darstellte.

(b) Germanisch / Deutsche Tradition

Ehre entstammt dem althochdeutschen *era*, welches in dem öffentlichen Ansehen einer Person bestand und dem Grimmschen Wörterbuch zu Folge eine Vorstellung der Scheu und Ehrfurcht vor ihr enthielt.[56] „Bei den Germanen hängt die Ehre an der Erfüllung gewisser sittlicher Mindestanforderungen (beim Mann vor allem Tapferkeit), die bei jedem zunächst vorausgesetzt wird, solange er dagegen nicht verstößt, und ohne die der freie Mann gar nicht leben kann, weshalb er bei ihrem Verlust an die Wiedergewinnung sein Leben setzen muss".[57] Die Vorstellung eines „inneren moralischen Sinn (*honestum*)", der unabhängig von sozialen Erwartungen ist, war nach Thomas v. Aquin bis ins 13. Jhd. nicht in den Begriff der Ehre eingegangen.[58] Erst die christliche Moraltheologie koppelte Ehre eng an den Begriff der „inneren Sittlichkeit".[59]

Im Mittelalter wurde Ehre zum Rechtsbegriff, welcher die Rechte einer Person fest an ihrer gesellschaftliche Position, also ihren Stand, knüpfte. Im kompetitiven höfischen Umfeld des 16. bis 18.

---

53 Ebd.
54 Kirchner, Regenbogen, und Hoffmeister, *Wörterbuch der philosophischen Begriffe*, 166.
55 Roberts, „Honour", 503.
56 Kirchner, Regenbogen, und Hoffmeister, *Wörterbuch der philosophischen Begriffe*, 167.
57 Reiner, „Ehre", 320.
58 Kirchner, Regenbogen, und Hoffmeister, *Wörterbuch der philosophischen Begriffe*, 166.
59 Aschmann, *Preußens Ruhm und Deutschlands Ehre*, 14.

Jahrhunderts wurden Ruhm und Ehre zunehmend gleichgesetzt. So ging das Streben nach Ehre in dieser Zeit darin auf, „das eigene Ansehen durch Zugewinn an rein äußerlicher Reputation zu verbessern. Die Aufklärung setzte dieser rein äußeren Ehre eine innere Vorstellung entgegen, die „unabhängig von anderen sein und ausschließlich vom eigenen sittlichen Urteil abhängen müsse".[60] Während Ehre bis zum Beginn der Neuzeit eine Männerangelegenheit war, bildete sich auch eine „Weiberehre" heraus, die jedoch im Gegensatz zur männlichen, vor allem an ihr Sexualverhalten geknüpft wurde.[61] In der bürgerlichen Gesellschaft wurde Ehre zunehmend an Leistungen gebunden und diente als Markierung der sozialen Position. Mit der Auflösung der ständischen Gesellschaft konnte das Individuum nicht mehr vom Ansehen seines Standes profitieren. Stattdessen bildete sich die Nationalehre als Kollektivehre heraus.[62] Im Nationalsozialismus wurde diese zu einer Rassenehre verklärt, welche vom Individuum die Unterordnung unter die Interessen seiner „Rasse" forderte.[63] Mit der Gründung der BRD ging auch in Bezug auf die Verwendung des Begriffs Ehre eine Zäsur einher. Der Begriff, der vorher durch alle Gesellschaftsschichten und politischen Spektren weit verbreitet war, wurde zum Unwort. „»Ehre« und Demokratie schienen Gegensätze zu sein oder doch kaum etwas miteinander zu tun zu haben". Erst ab den 1980ern wurde er wieder salonfähig, allerdings „nur jener Teilbereich des zwischen den Kriegen noch vorhandenen Bedeutungsspektrums (von Ehre) ..., der sich auf die durch Ansprüche irgendwelcher Kollektiva unberührbare »Ehre« des Individuums bezieht"[64]. Mit dem Aufkommen des Integrationsdiskurses trat zunehmend die Verknüpfung von Ehre und Gewalt in den Vordergrund, welche an häuslicher Gewalt, patriarchalen Familienstrukturen und „Ehrenmorden" in Einwanderermilieus festgemacht wurde.[65]

Obwohl die Begriffsgeschichte zeigt, dass „Zeiten, in denen eine »innere Ehre« hoch angesehen war, mit Phasen wechselten, in denen nahezu ausschließlich die »äußere Ehre« im Vordergrund stand"[66] und oft beide Aspekte zugleich wirksam waren, hat der Begriff heute gewissermaßen ein Doppelleben, als Zeichen großer Würde einerseits und archaische Gesellschaftsnorm andererseits.

---

60 Ebd., 15f.
61 Schopenhauer, *Aphorismen zur Lebensweisheit (Aphorisms for wisdom of life)*.
62 Aschmann, *Preußens Ruhm und Deutschlands Ehre*, 15.
63 Zingerle, „Die Systemehre. Stellung und Funktion von Ehre in der NS-Ideologie", 107.
64 Ebd., 96ff.
65 Ateş, *Der Multikulti-Irrtum - Wie wir in Deutschland besser zusammenleben können*, 72ff.
66 Aschmann, *Preußens Ruhm und Deutschlands Ehre*, 16.

(c) Türkisch / Arabische Tradition

Im Türkisch/Arabischen Kontext beinhaltet der Begriff der Ehre „drei voneinander untrennbare Werte ... *şeref, namus* und *saygı*"[67], so sind sich Ahmet Toprak und Werner Schiffauer[68], die führenden Forscher bezüglich türkischer Ehrvorstellungen im deutschsprachigen Raum, einig. *Şeref* bedeutet Ansehen, welches durch Dienste für die Gemeinschaft erworben wird bzw. durch Schaden, welcher der Gemeinschaft zugefügt wird, verloren geht. Männer und Frauen besitzen *şeref*. *Namus*, welches in der deutschen Diskussion oft mit Ehre übersetzt wird, kann auch als sexuelle Integrität übersetzt werden. Sie ist an für Männer und Frauen unterschiedliche Normen des legitimen oder ehrenhaften Verhaltens, insbesondere des Sexualverhaltens, gebunden[69]. Wer sich durch sein Verhalten außerhalb der Norm begibt, verliert seinen *namus*. Das Ansehen (*şeref*) steht in Verbindung mit dem *namus*. Überschreitet ein Mann die Grenzen der sexuellen Integrität, indem er z.B. „obwohl er Kinder hat, nach anderen (verheirateten) Frauen schaut", verliert er sein Ansehen. Überschreitet eine Frau jedoch diese Grenzen, verliert auch bei unverheirateten Frauen ihr Vater bzw. bei verheirateten ihr Ehemann sein Ansehen[70]. Vom Familienvater wird erwartet, dass er seine Angehörigen (Ehefrau und Kinder) unter Kontrolle hat. Verletzen sie die Normen ehrenhaften Verhaltens, wird dies als Fehlen innerfamiliärer Autorität und als Schwäche ausgelegt. „Die Anerkennung der Autorität wird im Begriff der Achtung (*saygı*) gedacht. Der Sohn schuldet dem Vater, die Frau dem Mann, der jüngere Bruder dem älteren Achtung. ... Die Einhaltung der differenzierten Regeln, mit denen Achtung ausgedrückt wird, garantiert Gehorsam bzw. Solidarität"[71]. Das Türkische Ehrverständnis bindet das Ansehen des Einzelnen nicht nur an sein eigenes Verhalten, sondern zusätzlich an das Verhalten derjenigen, die ihm zu Achtung verpflichtet sind.

Schiffauer und Toprak zeichnen damit ein Idealbild des Ehrbegriffs in der Türkei. Was die tatsächlichen normativen Orientierungen von Jugendlichen mit türkischem Migrationshintergrund betrifft, so sind diese in der dörflichen Tradition wurzelnden Vorstellungen vielfach überlagert von alternativen normativen Orientierungen und Quellen von Ansehen und Selbstwert. Jugendliche handeln ihre Identität in der Auseinandersetzung mit verschiedenen Wertvorstellungen aus[72].

---

67 Toprak, *Das schwache Geschlecht - die türkischen Männer*, 152.
68 Schiffauer, *Die Gewalt der Ehre*.
69 „Von der Frau verlangt die namus korrekte Bekleidung, korrektes Verhalten im Umgang mit fremden Männern, keine vor- oder außereheliche Beziehungen usw. Handelt sie dem zuwider, so muß der Mann, um seine eigene Ehre wieder herzustellen, sie im äußersten Fall verstoßen" Pfluger-Schindlbeck, *Achte die Älteren, liebe die Jüngeren*, 63f.
70 Toprak, *Das schwache Geschlecht - die türkischen Männer*.
71 Schiffauer, *Die Gewalt der Ehre*, 67f.
72 Ewing, *Stolen honor*, 33.

Anhand der palestinänsischen Gesellschaft zeigt Diane Baxter, dass Ehrvorstellungen dem sozialen Wandel unterliegen. Mit dem Begriff *muhtaram* / *muhtarami* wird der angesehene Mann bzw. die angesehene Frau bezeichnet. Ansehen erhält man vor allem für äußere Qualitäten, wie z.B. respektvolles Verhalten. Das weit weniger gebräuchliche *scherif* / *scherifa* ist die Bezeichnung für Menschen mit bestimmten für Männer und Frauen jedoch unterschiedlich definierten inneren Qualitäten. Beim Mann geht es hier vor allem um seine moralische Integrität, bei der Frau um ihre Keuschheit. Das ein Mann oder eine Frau *scherif* / *scherifa* ist, wird jedoch vorausgesetzt und erst in der Negation ausgesprochen, wenn seine / ihre moralische Integrität in Frage gestellt wird. Der Begriff *'ard* bezeichnet die Familienehre, die vom Ansehen ihrer Frauen abhängt, welches durch weibliche Keuschheit definiert ist. Dieser Begriff werde aber, so Baxter, heute kaum noch benutzt, außer beim Schwören („Bei der Ehre meiner Schwester/Mutter"), wobei die Verwendung dieser Ausdrucksweise eher als unehrenhaft gilt. Sie zeigt eine Entwicklung auf, bei der die sexuelle Integrität als Bestandteil von Ehre, sowie die kollektive Ehre zugunsten einer Vorstellung von Ansehen, die von Männern *und* Frauen respektvolles Verhalten einfordert, in den Hintergrund tritt[73].

Sowohl die türkische als auch die palestinänsische Tradition kennt den Begriff der äußeren Ehre (*şeref, muhtaram/i*) als gesellschaftliches Ansehen, welches durch besondere Verdienste für die Gemeinschaft erworben wird. Daneben ist auch in beiden Kontexten ein Begriff innerer Ehre (*namus, scherif/a*) auszumachen, an den der Selbstwert als moralisch integres Individuum gebunden ist. Diese muss nicht erst erworben werden, kann jedoch durch unmoralisches Verhalten verloren gehen. Jedoch ist die moralische Integrität nicht unabhängig von der Meinung anderer und wird von der Gesellschaft beobachtet und evaluiert.

(d) Gemeinsamkeiten und Unterschiede

Anhand der begrifflichen Unterscheidungen, die ich im Abschnitt 3.1 gemacht habe, möchte ich kurz Gemeinsamkeiten und Unterschiede der verschiedenen zuvor dargestellten Einflüsse, die den zeitgenössischen Begriff der Ehre unter Jugendlichen prägen, diskutieren.

Kategorial stellt Ehre in den meisten der untersuchten sprachlichen Kontexte eine *Eigenschaft* dar und kann als solche mit Ansehen oder gutem Ruf oder als *Bezeichnung* mit dem Begriff Ehren-Mann/-frau (palästinensischer Kontext) paraphrasiert werden. Dort wo Ehre eher als etwas durch gute Taten Erworbenes verstanden wird (*besondere Ehre*: griechischer, römischer und spätmittelalterlich bis heutiger deutscher Kontext), tritt die *Ehrung* als etwas, welches das Individuum durch seine Mitbürger oder öffentliche Institutionen erfährt, hinzu. Wo Ehre nicht erworben, sondern be-

---

73 Baxter, „Honor thy sister", 743.

wahrt bzw. verloren wird (*allgemeine Ehre*: germanischer, türkischer, palästinäsischer Kontext), fehlt dieser Begriff, weil diese Ehre nicht durch Ehrung zugesprochen wird. Das *ehrenhafte Tun* ist im griechischen Kontext die Tugend, die durch von der Ehrung unabhängige moralische Normen bestimmt ist. Erst Cicero hat einen eigenen Begriff des Ehrenhaften vorgeschlagen, als eine *Norm* ehrenhaften Verhaltens. Durch die christliche Moralphilosophie wurde der Begriff der inneren Ehre zunehmend mit moralischem Verhalten gleichgesetzt. Während im türkischen und palästinensischen Kontext die äußere Ehre nicht notwendig an moralische Regeln gebunden ist, ist die innere Ehre (*namus, scherif*) an Normen der Sittlichkeit gebunden, die moralischen Charakter haben.

Ebenso gibt es in fast allen untersuchten Kontexten die Unterscheidung zwischen *Reputation* und *Selbstwert* als Handlungsmotiv. Nur in der Antike wurde Ehre auf Reputation reduziert, die der Einzelne durch tugendhaftes Verhalten erwirbt. Sein Selbstwert war eher an sein tugendhaftes Verhalten (bzw. ehrenhaftes Verhalten bei Cicero), als an den Erwerb von Ehre geknüpft, wenn auch Letzteres aus Ersterem zu folgen hatte. Dort wo Ehre mit sittlichem Verhalten gleichgesetzt wurde bzw. wird, ist auch der Selbstwert stärker an die Ehre geknüpft. Die untersuchten zeitgenössischen Ehrkonzeptionen kennen beide Dimensionen der Ehre als Streben nach Reputation (äußere Ehre, *şeref, muhtaram*) und Selbstwert (innere Ehre, *namus, scherif*).

Im antiken Kontext ist Ehre eher eine *individuelle* Angelegenheit unter gleichen freien Männern. Bei den Germanen hingegen war Ehre Stammesehre. Im deutschen Kontext gibt es sowohl die kollektive als auch die individuelle Ehre. *Kollektive Ehre* bezog sich auf Familie, Stand und Nation und hatte die Funktion, sozialen Zusammenhalts und Solidarität unter den Mitgliedern zu stiften. Gleichzeitig gab es auch schon immer eine Vorstellung individueller Ehre, die von Männern höheren Standes durch besondere Taten erworben werden konnte. In der zeitgenössischen deutschen Diskussion wird der Begriff Familienehre nur unter Bezug auf Einwander_innen verwendet, wenngleich, wie die Befragung der Schüler_innen zeigt, auch in deutschen Familien das Verhalten von Kindern das Ansehen der Eltern beeinflusst. Der Begriff der nationalen Ehre ist seit dem Zweiten Weltkrieg tabuisiert und kollektive Identitäten werden eher durch den Begriff Nationalstolz ausgedrückt. Auch im türkischen und palästinensischen Kontext gibt es eine Vorstellung individueller Ehre (*şeref, muhtaram*), die Männer und Frauen durch respektvolles Verhalten als Ansehen in der Gemeinschaft erwerben. Die moralische Integrität (*namus, scherif/a*) hat sowohl einen individuellen Aspekt, als auch einen kollektiven. Einerseits besitzt sie, wer sich individuell den Normen der Sittlichkeit entsprechend verhält, andererseits hat das eigene Verhalten auch Einfluss auf die Ehre anderer (Familienmitglieder, Partner). Wie Diane Baxter zeigt, wird auf kollektive Ehre als Familienehre zunehmend weniger Bezug genommen.

(e) Fazit

Das zeitgenössische Ehrverständnis ist durch heterogene Begriffstraditionen geprägt. Während aus der Antike ein Verständnis von Ehre als individuelle Reputation, welche durch besondere Taten erworben wird und durch äußere Ehrung hervorgebracht wird, überliefert ist, lässt sich der germanische Begriffsursprung eher als kollektive, allgemeine Ehre beschreiben, die jedem Individuum zu eigen ist aber verloren gehen kann und für den eigenen Selbstwert unerlässlich ist. Indem die Normen ehrenhaften Verhaltens zunehmend an moralische Normen gebunden waren, wurde die äußere durch eine innere Vorstellung von Ehre ergänzt, die unabhängig von äußerer Anerkennung ist. In Deutschland hat sich damit ein Ehrbegriff herausgebildet, der eine innere und äußere Dimension aufweist und sowohl Kollektiven als auch Individuen zu eigen sein kann. In der Nachkriegszeit wurde Ehre in Deutschland zunehmend als innere und individuelle Ehre verstanden, wohingegen Einwander_innen ein ausschließlich äußeres und kollektives Ehrverständnis unterstellt wurde. Wie ich gezeigt habe, ist jedoch im türkischen und im palästinensischen Kontext eine innere und eine äußere, eine kollektive und eine individuelle, sowie eine besondere und eine allgemeine Vorstellung von Ehre auszumachen. Insofern weisen diese Ehrbegriffe viele Gemeinsamkeiten mit der deutschen Tradition auf. Zu den wesentlichen Unterschieden gehört der stärkere Einfluss der Sexualität auf die kollektive Ehre von Familien und die individuelle Ehre von Männern und Frauen im türkischen und palästinensischen Kontext. Im deutschen Kontext, in dem die Sexualität im Ehrbegriff einmal ein große Rolle einnahm, werden heute Normen und Rollenerwartungen des sexuellen Verhaltens nicht mehr unter dem Begriff der Ehre diskutiert, was allerdings nicht heißt, dass es sie nicht gibt. Eine Beschäftigung mit der Begriffsgeschichte von Ehre in verschiedenen sprachlichen Kontexten kann, wie ich hoffe gezeigt zu haben, eine Grundlage für die Diskussion über Gemeinsames und Trennendes darstellen.

4. STEREOTYPISIERTE EHRE

„der Ehrbegriff von Christen und Juden ist ein ganz anderer als der von Muslimen.
Während urdeutsche Christen und Juden mit Ehre etwas verbinden, was nur den
einzelnen Menschen betrifft und sich aus ihm heraus begründet, bedeutet Ehre im
muslimischen Kontext etwas anderes. Sie hängt davon ab, wie sich Personen, die zur
eigenen Gruppe gehören, verhalten, und zwar die weiblichen Mitglieder einer Familie,
einer Sippe. Die traditionelle Vorstellung von Ehre im orientalischen Kontext hat nichts
zu tun mit der Achtungswürdigkeit eines Menschen, wie sie in westlichen Ländern einen
zentralen Wert darstellt. Im Türkischen wird »Ehre« unter anderem mit
namus übersetzt. Das ist das einzig richtige Wort im Zusammenhang mit der
Ehrenmord-Thematik. Wer in einem türkischen Zusammenhang namus hört, assoziiert
damit zum überwiegenden Teil nicht etwas Positives, sondern eine Last, etwas das es zu
behüten gilt und wofür man bereit ist, sein Leben zu geben, etwas das man ganz schnell
verlieren kann und damit dann auch seine Existenzberechtigung. Das Wort namus löst
zunächst einmal Schrecken aus und nicht Stolz."[74]

Die Rechtsanwältin Seyran Ateş, die viele türkeistämmige Opfer häuslicher Gewalt vertreten hat, macht eine klare Unterscheidung zwischen der christlich-jüdisch-urdeutsch-westlichen und der muslimisch-traditionell-orientalischen Ehre auf. Erstere betreffe nur das Individuum, sei in ihm begründet und bestehe im Wesentlichen in seiner Achtungswürdigkeit, sei also etwas Positives, auf das man stolz sein könne. Letztere hingegen hänge als Eigenschaft der Familie ausschließlich am Verhalten weiblicher Familienmitglieder und sei eine Schrecken auslösende Last, weil sie schlimmstenfalls unter Einsatz des eigenen Lebens behütet werden müsse, damit sie nicht verloren gehe.

Im Lichte der Komplexität des Begriffs Ehre erscheint eine solche Darstellung pauschalisiert zu sein. Ich argumentiere, dass Ehre nicht auf die Stereotypen „traditioneller" und „moderner Ehre" reduziert werden kann, weil damit die heterogenen sozialen Praxen der Ehre nicht verständlich gemacht werden können. Anhand einer Diskussion beider Stereotype nacheinander möchte ich mit philosophischer Argumentation und empirischen Erkenntnissen zeigen, dass beide mehr Ähnlichkeiten als Unterschiede aufweisen. Darüber hinaus werde ich beide jeweils anhand einer fiktiven Situationsbeschreibung illustrieren[75] und an ihnen zeigen, dass Praxen der Ehre in der Realität eine Komplexität aufweisen, die sich durch eine stereotype Darstellung von Ehre nicht fassen lässt. Diese können auch im Unterricht eingesetzt werden, wie ich im letzten Kapitel erläutern werde.

---

74 Ateş, *Der Multikulti-Irrtum - Wie wir in Deutschland besser zusammenleben können*, 72f.
75 Siehe i.F. Abb. 4.1 - 4.10.

4.1 „Traditionelle Ehre"

Ehre ist einer der Werte, von denen sich die Philosophie der Aufklärung abgrenzte, weil sie mit der hierarchisch strukturierten feudalen Gesellschaft assoziiert wurde. Sie schien damit den Werten der Aufklärung, Freiheit und Gleichheit, zu widersprechen. In den kritischen philosophischen Auseinandersetzungen mit der Ehre wurde sie jedoch häufig stereotypisiert auf eine bestimmte Dimension reduziert dargestellt.[76]

Ähnliches gilt für den zeitgenössischen Diskurs über die Ehre in Einwanderermilieus. Katherine P. Ewing hat in ihrer Untersuchung der Repräsentation von türkeistämmigen Männern in medialen und wissenschaftlichen Diskursen in Deutschland ein Stereotyp „traditioneller Ehre" beschrieben, das diesen Männern zugeschrieben wird. Ehre werde demnach als „nicht-modern", als kollektiv (im Gegensatz zu individuell), als hierarchische Kontrolle von Frauen durch Männer und Jüngeren durch Ältere (im Gegensatz zu Gleichheit), als Fremdbestimmung (im Gegensatz zu Selbstbestimmung) und als primäre Motivation von Gewalt gegen Frauen dargestellt[77].

Das Stereotyp „traditioneller Ehre" lässt sich auf Grund der im vorigen Kapitel gemachten Unterscheidungen wie folgt kategorisieren:

(a) Handlungsmotiv: Das Handlungsmotiv der Ehre ist das gute Ansehen als ehrbarer Mensch bzw. ehrbare Familie und nicht das gute Bild von sich selbst.

(b) Ehre und Moral: Die Ehre ist deutlich von Moral unterschieden, denn die Normen ehrenhaften Verhaltens fordern Unterschiedliches von Menschen in unterschiedlichen sozialen Positionen (z.B. Mann und Frau) und sind demnach nicht universalisierbar.

(c) Individuelle / kollektive Ehre: Ehre ist eine kollektive Eigenschaft. Das Individuum muss sich kollektiven Normen unterordnen, um zum Kollektiv dazuzugehören.

(d) allgemeine / besondere Ehre: Ehre ist etwas das man verlieren kann. Es geht dabei nicht darum, sich durch besondere Taten hervorzutun, sondern nicht durch unehrenhaftes Verhalten aufzufallen.

---

76 Speier, „Honor and Social Structure", 86.
77 Ewing, *Stolen honor*, 28.

Kamil musste die Ehre seiner Familie wieder herstellen. Seine Schwester Dilber hatte sich selbst und ihre Familie entehrt, indem sie anfing, mit diesem Deutschen auszugehen. Auch ihrem Vater gegenüber hatte sie sich ehrlos verhalten, weil sie nicht auf ihn gehört hat. Der Ruf seiner Familie war ruiniert. Wie stand sein Vater jetzt da – nicht in der Lage, seine Tochter unter Kontrolle zu halten. Der gute Ruf der Familie musste wieder hergestellt werden. Er liebte seine Schwester und konnte sich nie vorstellen, ihr nur ein Haar zu krümmen, auch jetzt nicht. Aber sein Vater hat ihm gesagt, dass er sie zur Vernunft bringen soll. Um die Familienehre wieder herzustellen, muss er jetzt machen, was sein Vater ihm aufträgt, auch wenn er es nicht gut findet. Hätte er doch einen Bruder, der ihm das abnehmen könnte!

Dilber hat ihre individuelle Ehre durch ihr Verhalten verloren und die Familienehre geschädigt. Ihre Familie wird dafür gesellschaftlich geächtet. (a) Kamil geht es darum, das Ansehen der Familie wieder herzustellen. (b) Dass er sich selbst schlecht fühlt, weil er seine Schwester bedrohen soll, ist nebensächlich. (c) Die Familienehre hat für ihn Vorrang, für die er auch Opfer zu bringen bereit ist. Dasselbe erwartet er auch von seiner Schwester. (d) Er will sich nicht dadurch hervortun, dass er es ist, der Dilber zur Räson bringen soll. Am liebsten würde er diese Aufgabe einem anderen überlassen.

Abbildung 4.1

(a) Handlungsmotiv Reputation?

„Traditionelle Ehre" wird oft als bloße Reputation verstanden. Demjenigen, der nach Ehre strebt, ginge es nicht darum, ein gutes Bild von sich selbst zu haben, sondern nur darum, vor anderen (z.B. der Familie) gut dazustehen.[78] Meiner Meinung nach kann Ehre nicht auf Reputation reduziert werden, da Reputation und Selbstwert nicht unabhängig voneinander sind.

Der Verlust von bzw. Gewinn an Reputation hat oft Auswirkungen auf den Selbstwert. Bei der Bewertung durch andere und der Selbstbewertung handelt es sich nicht um völlig voneinander unabhängige Sphären. Insofern kann das Streben nach Reputation auch dem Selbstwert einer Person dienen. Ob dies der Fall ist, ist davon abhängig, an welchen Normen die Person ihren Selbstwert misst. Ist ihr Ansehen ihr äußerst wichtig, die moralische Qualität ihrer Handlungen jedoch weniger, so wird sie auch von ihr selbst als unmoralisch angesehene Handlungen vollbringen, wenn sie ihr Ansehen steigern. Auch kommt es auf den Grad den Einflusses an, den die Handlung auf ihr Ansehen hat. Für einen geringen Reputationsgewinn wird auch die Person, der Ansehen eigentlich wichtiger ist als Moral, vermutlich nicht hochgradig unmoralisch handeln. Außerdem fallen bei der Selbstbewertung eigenen Verhaltens nicht nur Erwägungen der Reputation und Moral ins Gewicht. Die Erfüllung religiöser Pflichten z.B. kann auch eine Quelle von Selbstwert sein. Das Verhalten einer sehr religiösen Person, welche auf eine reputationssteigernde Handlung verzichtet, um nicht religi-

---

78 Kaufman, „Understanding Honor", 558.

öse Gebote zu übertreten, kann mit ihrem Streben nach Selbstwert erklärt werden. Die Norm, nach der sie ihren Selbstwert misst, bewertet Frömmigkeit höher als Reputation.

Nun könnte kritisiert werden, dass Menschen mit „traditionellen" Ehrvorstellungen der Reputation zu große Bedeutung beimessen und ihren Selbstwert an ihrem Ansehen messen. Schopenhauer hat diese Kritik an der Ehre vorgebracht. Für ihn ist Ehre „objektiv, die Meinung anderer von unserem Wert und subjektiv unsere Furcht vor dieser Meinung." Es sei „dem Glück abträglich, … dem fremden Bewusstsein … zuviel Bedeutung" beizumessen. Die soziale Angst vor der Verachtung der anderen sei in einem „empfindlichen Selbstgefühl" begründet. Ehre sollte hingegen nur einen mittelbaren Wert haben, insofern sie „zu unserem Fortkommen und Bestehen unter Menschen … oft unumgänglich nötig ist." Stattdessen „überschreitet der Wert, den wir auf die Meinung anderer legen, … in der Regel fast jede vernünftige Bezweckung".[79] Die Reputation soll nicht an sich angestrebt werden, sondern um ihren instrumentellen Nutzen in Hinblick auf den eigenen sozialen Erfolg willen, welches durch unvernünftiges bedingungsloses Streben nach Reputation eher behindert wird. Er schlägt also vor, die Reputation nicht normativ aufzuladen, sondern sie pragmatisch anzustreben, wo es rational erforderlich scheint, ohne unseren Selbstwert an ihr zu messen.

Nun ist aber fraglich, ob Menschen die zu Trägern „traditioneller Ehrvorstellungen" erklärt werden, tatsächlich ihren Selbstwert an ihrer Reputation messen. Christian Giordano hat in einer seiner kritischen Intervention in den Diskurs um den Ehre-Schande-Komplex im Mittelmeerraum[80], welcher das Verständnis der „traditionellen Ehre" bis heute prägt, argumentiert, dass die Praxen des Ehrerwerbs im Mittelmeerraum als Ausdruck individuellen „Statusmanagements" beschrieben werden können. Das Verhalten gegenüber anderen sei „Fassade und Maske als kalkulierte Selbstdarstellung in der Öffentlichkeit".[81] Eine solche Praxis ist z.B. die von Nancy Lindisfarne beschriebene Praxis von Frauen, welche trotz eigener sexueller Erfahrungen den Beweis der erfolgreichen Entjungferung in der Hochzeitsnacht, teilweise mit dem Wissen ihres Gatten, durch Täuschung[82] erbringen. Die Frauen teilen nicht das gesellschaftliche Ideal weiblicher Keuschheit und passen sich ihm auch nicht in ihrem Verhalten an, denn sie hatten vorehelichen Sex. Im Bewusstsein dessen, dass ihre Re-

---

79 Arthur Schopenhauer, *Aphorismen zur Lebensweisheit*, 28.
80 Damit ist eine einflussreiche Theorie in der Anthropologie gemeint, die Ehre als den zentralen Wert versteht, welcher die Gesellschaften im Mittelmeerraum prägt. Vgl. Peristiany, *Honour and Shame*.
81 Giordano, „Der ehrkomplex im Mittelmeerraum: Sozialanthropologische Konstruktion oder Grundstruktur mediterraner Lebensform?", 186, meine Übersetzung. Alle fremdsprachigen Quellen wurden von mir ins Deutsche übersetzt.
82 Lindisfarne nennt Beispiele wie künstliche Wiederherstellung des Jungfernhäutchens (oft ohne Wissen des Bräutigams) oder die Verwendung von Tierblut, mit welchem das Bettlaken befleckt wird (oft mit dem Wissen des Bräutigams). Vgl. Dinçer, *Namus ve Bekaret: Kuşaklar Arasında Değişen Ne? İki Kuşaktan Kadınların Cinsellik Algıları, Yüksek Lisans Tezi*; Mernissi, „Virginity and patriarchy".

putation (und die ihrer Familie) an den Beleg ihrer Keuschheit gebunden ist, erbringen sie diesen.[83] Das Handeln der Frauen ist alles andere als ohne „vernünftige Bezweckung", denn könnte der Beleg der Jungfräulichkeit nicht erbracht werden, hätte die Braut, ihr Gatte und ihrer beider Familien mit gesellschaftlicher Stigmatisierung zu rechnen. Deshalb messen die Frauen der Ehre mittelbaren Wert bei und betreiben pragmatisches Statusmanagement.

Gesellschaftlicher Erfolg, für den Reputation oft erforderlich ist, hat Auswirkungen auf das Selbstwertgefühl. Im beschriebenen Fall ist das Ausmaß des zu erwartenden Statusverlustes so hoch, dass er den Selbstwert der Frauen sehr wahrscheinlich nicht unbeeinträchtigt lassen würde. Er würde ihren sozialen Erfolg deutlich einschränken. Selbstwert ist aber auch an individuelle Erfolge gebunden. Eine erfolgreiche Eheschließung und Familiengründung ist ein solcher Erfolg, der in bestimmten gesellschaftlichen Kontexten nur unter Einhaltung gewisser Normen der Reputation möglich ist. Insofern ist Schopenhauer recht zu geben, dass Reputation nicht an sich, aber doch in Hinblick auf den individuellen Nutzen einen normativen Wert besitzt und Einfluss auf den individuellen Selbstwert hat.

Kamil weiß nicht, wie er sich verhalten soll und berät mit seinem Freund Sascha, wie er aus der Sache am besten herauskommt. Sascha empfiehlt ihm, seiner Schwester vor der Familie ins Gewissen zu reden, damit er seinem Vater gegenüber seine Pflicht erfüllt, gleichzeitig seiner Schwester aber im Geheimen anzuvertrauen, dass er es gut findet, dass sie ihr Ding macht. Kamil meint aber, dass damit ja nichts geholfen wäre, denn wenn Dilber sich ihrem Vater nicht fügt, wird die Ehre seiner Familie dauerhaft beschädigt sein. Bei dem Gefühl daran geht es ihm richtig schlecht. Schließlich war er immer stolz darauf, dass seine Familie so einen guten Ruf hat.

Kamil geht es nicht nur darum, innerfamiliär geachtet zu werden. Auch der Ruf seiner Familie ist ihm wichtig als eine Quelle seines Selbstwertgefühls. Saschas Vorschlag wäre zwar im Sinne seines innerfamiliären Statusmanagements sinnvoll, aber damit wäre wenig geholfen, wenn die Familienehre nicht wieder hergestellt würde.

Abbildung 4.2

Ehre kann also nicht auf bloßes Reputationsstreben reduziert werden, denn das Selbstwertgefühl von Individuen ist oft auch an ihre Reputation geknüpft. Im Interesse des eigenen Statusmanagements ist es für das Individuum rational, zu berücksichtigen, welchen Einfluss das eigene Verhalten auf das eigene Ansehen und das anderer hat, weil der eigene soziale Erfolg davon abhängt und auch der Selbstwert nicht völlig vom eigenen Ansehen unabhängig ist.

---

83 Lindisfarne, „Variant masculinities, variant virginities", 92f.

(b) Unmoralische Ehre?

„Traditionelle Ehre" wird als deutlich von der Moral unterschieden konzeptualisiert. Ehre werde nicht durch moralisches Verhalten erworben, sondern indem man soziale Erwartungen erfülle und zum Wohl der eigenen Gruppe beitrage[84]. Ehre sei damit eine partikularistische Norm, die sich nicht universalisieren lasse, da sie unterschiedliche Normen für Individuen unterschiedlicher sozialer Personen bereithalte[85]. Wie ich zeigen werde, ist Ehre jedoch nicht reiner Fremdzwang, sondern eine internalisierte Norm, die ehrenhaftes Verhalten objektiv und subjektiv als gut und richtig erscheinen lässt.

Die Normen des Ehrenhaften sind je nach sozialem Kontext sehr unterschiedlich. Innerhalb einer bildungsbürgerlichen Familie gelten andere Verhaltensweisen als ehrenhaft, als in einer Arbeiterfamilie, in einer Straßengang andere als in einem Rotary Club, in einer Investmentbank andere als in einer internationalen Hilfsorganisation. Darüber hinaus stellen sie oft unterschiedliche Anforderungen an Individuen in unterschiedlichen sozialen Positionen, z.B. an Männer und Frauen, an Kinder und Eltern oder an Menschen unterschiedlicher Schichtzugehörigkeit. Damit eine Norm moralisch zu nennen ist, muss sie universalisierbar sein und unabhängig von sozialen Kontext für alle Menschen Gültigkeit besitzen.[86] Beide Bedingungen werden von der Ehre nicht erfüllt. Ist Ehre also als reiner Fremdzwang, sozial erwünschtes Verhalten hervorzubringen, völlig unabhängig von den eigenen normativen Einstellungen der Handelnden?

Für Thomas Hobbes ist das Streben nach Ehre reines Kalkül im individuellen Streben nach Macht. Moralische Prämissen wie Gerechtigkeit spielen für die Ehre keine Rolle. Die Möglichkeit, sich ungerecht zu verhalten, sei schließlich ein Zeichen großer Macht, weshalb die griechischen Götter denn auch gerade wegen ihrer sich über die Regeln der Gerechtigkeit hinwegsetzenden Verhaltensweisen geehrt worden seien. Als ehrenvoll zu bezeichnen ist für Hobbes „jeder Besitz, jede Handlung oder Eigenschaft, die Beweis und Zeichen von Macht sind". So nennt er zum Beispiel militärische Erfolge, beständiges Glück, Gelehrsamkeit, Ruhm, Abstammung von berühmten Eltern als ehrenvoll – alles Zeichen großer Macht. Ehren bzw. Entehren sei „das Kundtun des Werts den wir uns gegenseitig beimessen. ... [Der] Wert des Menschen ... richtet sich danach, wieviel man für die Benützung seiner Macht bezahlen würde". Man tue dies, indem man jemanden um Hilfe bittet, schmeichelt, Beweise von Furcht oder Liebe gibt, lobt, wohlüberlegt anredet etc., kurz, indem man jemandes Macht anerkennt. Diesen Begriff von Ehre bezeichnet Hobbes als „natürliche Ehre". Er

---

84 Kaufman, „Understanding Honor", 569.
85 Bourdieu, *Entwurf einer Theorie der Praxis*, 43ff.
86 Schroth, „Universalisierbarkeit und Partikularismus".

zeichnet einen historischen Prozess nach, indem das, was er als „natürliche Ehre" bezeichnet, von staatlicher Macht zu „bürgerlicher Ehre" modifiziert wird. Im Staat könne „derjenige oder diejenigen, welche die höchste Autorität besitzen, nach Belieben festsetzen … , was als Zeichen von Ehre gilt". Im Staat ist die Macht und der Zugang zu ihr zentralisiert bei dem/den Herrschenden. Durch Ämter, Titel und Wappen werden diejenigen als ehrenwert ausgezeichnet, denen Macht verliehen wurde. Durch Verbote greife der Staat in natürliche Praktiken der Ehre ein. Die Praxis des Duellierens galt so lange als ehrenhaft, bis verordnet wurde, „die Ehre gebühre denen, die die Herausforderung ablehnen"[87].

Hobbes vernachlässigt jedoch, dass kein Herrschaftssystem die Vorstellungen darüber, was als ehrenvoll gilt, von einen Tag auf den anderen zu ändern vermag, sondern dass sich solche Prozesse langsam vollziehen. Es hat mehrere hundert Jahre gedauert, die Praxis des Duellierens zu überwinden.[88] Auch wo staatliche (oder andere) Macht Einfluss auf die Vorstellungen des Ehrenvollen ausübt, weisen diese eine relative Beständigkeit auf. Dies hat damit zu tun, dass gesellschaftliche Vorstellungen von Tugend durch Prozesse von Gewöhnung und Sozialisation internalisiert werden. Norbert Elias hat den Prozess der Zivilisation als einen der Internalisierung von Fremdzwängen nachgezeichnet. Ohne Internalisierung könne demnach keine Gesellschaft, die auf festen Normen beruht, dauerhaften Bestand haben, denn Normen müssten dann durch stete Gewaltanwendung gegen die Bevölkerung durchgesetzt werden. Dies sei aber nicht möglich.[89]

Ich möchte Hobbes entgegnen, dass die Normen ehrenhaften Verhaltens auf gesellschaftlich geteilten Annahmen über das Gute beruht. Auch Verständnis nach beruht der Begriff auf der partikularistischen Norm, dass es ehrenhaft ist, nach Macht, Reichtum und Einfluss zu streben. Wenn Individuen es ehrenhaft empfinden, diese Güter zu besitzen, so haben sie die gesellschaftliche Norm die ihren Wert verbürgt internalisiert. Sie passen sich nicht nur an, um erfolgreich zu sein, sondern haben auch das Gefühl, damit das Richtige zu tun.

Özüm Dincer beschreibt, wie die Geschlechternormen in der türkischen Gesellschaft durch Sozialisation internalisiert werden. Während kleine Jungen dazu ermuntert werden, stolz ihren Penis zu zeigen, müssen Mädchen äußerste Acht darauf geben, dass niemand auch nur ihre Unterwäsche zu sehen bekomme. Dadurch entwickeln männlich und weiblich sozialisierte Kinder schon früh eine konträr entgegengesetzte Einstellung zu ihrem Körper und ihrer Sexualität. Während Jungs stolz auf

---

87 Hobbes, *Leviathan oder Stoff, Form und Gewalt eines kirchlichen und bürgerlichen Staates*, 67–71.
88 Speitkamp, *Ohrfeige, Duell und Ehrenmord*, 104f.
89 Norbert Elias, *Über den Prozeß der Zivilisation*, 399.

ihren Körper und erste sexuelle Erfahrungen sind, lernen Mädchen, ihren Körper zu kontrollieren bzw. zu verstecken und entwickeln ein schambehaftetes Verhältnis zur Sexualität. Durch den Prozess der Sozialisation internalisieren Kinder normative geschlechtliche Rollen und integrieren sie in ihre Identität. So dienen die tatsächlichen sozialen Konsequenzen sozial (un-)erwünschten Verhaltens nur als Verstärker oder Erinnerung an Normen, die längst schon die eigenen sind. Die soziale Praxis der Ehre trägt zur Aufrechterhaltung normativer geschlechtlicher Identitäten bei, indem die Ehre der Frauen an ihre Keuschheit, die Ehre der Männer an ihre Potenz bzw. an sein Ansehen in der Gemeinschaft der Männer gebunden sei. Wo die Internalisierung dieser Normen erfolgreich war, sind die Geschlechternormen kein Fremdzwang, sondern Teil der Identität des Einzelnen.[90]

Kamil dachte noch lange über das Gespräch mit Sascha nach, der meinte, er solle Dilber sagen, dass er es gut finde, dass sie ihr Ding macht. Wenn er so recht überlegte, findet er es aber gar nicht gut, dass Dilber einen deutschen Freund hat. Hat sie denn keine Ehre? Er hat zwar keine Lust, jetzt den Macker zu spielen und seiner kleinen Schwester zu sagen, was sie zu tun und zu lassen hat. Aber sie müsste doch eigentlich selbst drauf kommen, dass so ein Verhalten gar nicht geht.

Kamil hat die Geschlechternorm, nach der unverheiratete Frauen nicht mit Männern ausgehen sollten, internalisiert. Deshalb kann er nicht einfach so tun, als ob er das Verhalten seiner Schwester missbillige. Er empfindet selber, dass sie sich nicht ehrenhaft verhalten hat. Er geht davon aus, dass Dilber die Norm teilt, sie aber bewusst übertritt, wenn er sich fragt, ob sie denn keine Ehre habe. Andererseits ist er aber auch nicht bereit, dafür in Konflikt mit seiner Schwester zu geraten und als stereotyper migrantischer Mann aufzutreten.

Abbildung 4.3

Was ich mit meinen Ausführungen zeigen wollte ist, dass die Normen der Ehre oft mehr sind als bloßer Fremdzwang, dem sich das Individuum strategisch unterwirft, um Anerkennung zu erhalten. Vielmehr internalisiert der Einzelne gesellschaftliche Normen über ehrenhaftes Verhalten. Wenn auch diese Normen nicht als moralisch bezeichnet werden können, da sie eine partikularistische Orientierung am Gruppeninteresse vorschreiben und insofern nicht universalisierbar sind, so sind sie doch normativ, insofern sie Vorstellungen des richtigen Verhaltens enthalten, die für den einzelnen den Charakter prinzipieller Gültigkeit besitzen. Ehre ist normativ, indem sie eine Fremd- und Selbstbewertung individuellen Verhaltens enthält.

---

90 Dinçer, *Namus ve Bekaret: Kuşaklar Arasında Değişen Ne? İki Kuşaktan Kadınların Cinsellik Algıları, Yüksek Lisans Tezi.*

(c) *Kollektive Ehre?*

Dem Stereotyp nach ist „traditionelle Ehre" Eigentum der Familie und nicht des Individuums. Der Einzelne ordne sein eigenes Interesse dem der Familie unter, um ihre Ehre zu wahren. Wie ich argumentieren möchte, geht es dem Einzelnen jedoch auch um seine eigene Ehre, wenn er sich für die Interessen der Gruppe einsetzt, weil deren Ansehen Einfluss auf sein eigenes Ansehen und Selbstwertgefühl hat. Die soziale Praxis der Ehre kann als ein Prozess der Aushandlung zwischen individuellen und kollektiven Interessen beschrieben werden.

Ehre *kann* zwar meiner Meinung nach als kollektive Eigenschaft verstanden werden, hat dabei jedoch Bezüge zur individuellen Ehre. Die Familienehre weist Ähnlichkeiten mit anderen kollektiven Eingenschaften wie z.B. der Stärke einer Fußballmannschaft auf. Das Verhalten jedes einzelnen Gruppenmitglieds wirkt sich in beiden Fällen auf die kollektive Eigenschaft aus. Dennoch ist sie keine Eigenschaft der handelnden Individuen sondern des gesamten Kollektivs. Da sie ein positiv konnotiertes kollektives Gut darstellt, dient sie als Handlungsmotiv des Individuums, welches solche Handlungen hervorzubringen versucht, welche die Eigenschaft bewahren, hervorbringen oder vermehren. Damit eine kollektive Eigenschaft als Handlungsmotiv wirksam wird, bedarf es jedoch einiger Voraussetzungen. Sie muss nicht nur allgemein positiv konnotiert sein, sondern das handelnde Individuum muss ihre positive Bewertung auch teilen. Wäre dem Bruder die Familienehre bzw. der Fußballerin der Mannschaftserfolg egal, würden beide kaum die Mühe auf sich nehmen, erstere zu bewahren oder letztere hervorzubringen. Wenn sie nun aber mit ihrem Tun zum kollektiven Gut beitragen, dann erwerben sie gesellschaftliches Ansehen als Mitglied eine Gruppe, die positive Bewertung erfährt und einen Einfluss auf ihr Selbstwertgefühl hat.

Dies lässt sich an der Praxis von Einwander_innen verdeutlichen, für die „in der Diaspora ... das Aushandeln ihres Ansehens und ihrer Selbstachtung keine dichotome Entscheidung zwischen dem „traditionellen" Weg der Ehre und dem „modernen" Weg der Individualität und Freiheit (ist). Sie haben alternative Quellen der Ehre und des Ansehens, erfahren dies aber nicht als totalen Umbruch im Gegensatz zur Praxis der älteren Generation"[91]. Kollektive und individuelle Ehrvorstellungen gehen für sie Hand in Hand. Sie erwerben Selbstwert und Reputation durch Engagement für die Familie und für ihren eigenen gesellschaftlichen Erfolg. Wo letzterer versagt bleibt, kann kollektive Ehre eine wichtige Funktion für individuellen Selbstwert erlangen. Elijah Anderson zum Beispiel zeigt, dass eine hohe Jugendarbeitslosigkeit im Norden der US-Amerikanischen Stadt Philadelphia zu einem Verlust des Vertrauens in staatliche Institutionen und der Etablierung eines „Straßenkodex"

---

91 Ewing, *Stolen honor,* 33.

führte. „Die Frustration, die ihre Ursache in verbauten Möglichkeiten der Partizipation in der Mehrheitsgesellschaft hat, verstärkt lokale Vorstellungen von Respekt, Achtung und Selbstwertgefühl, die auf Härte und der Bereitschaft, Gewalt zum Schutz der eigenen Leute einzusetzen, basieren".[92]

> Auf dem Weg nach Hause fragte sich Kamil, warum ihm das mit der Familienehre eigentlich so wichtig war. Er hatte doch genug anderes, auf das er stolz sein kann. Er war gut in der Schule, hatte tolle Freunde und war ein respektiertes Mitglied seiner Handballmannschaft. Aber seine Familie ging ihm trotzdem über alles. Wenn da jemand Hilfe brauchte, ließ er alles stehen und liegen. Auf seine Familie war er eben besonders stolz. Und jetzt, wo seine Familie in den Dreck gezogen wurde, traf ihn das besonders, weil ihm das genommen wurde, was ihm am wichtigsten war.
>
> Für Kamil ist die kollektive Ehre seiner Familie neben anderen eine wichtige Ressource für sein Selbstwertgefühl. Wenn jetzt die Familienehre beschädigt wird, sind auch sein eigener Selbstwert und sein Ansehen in Gefahr.
>
> *Abbildung 4.4*

Kollektive Ehre ist eine kontextabhängig unterschiedlich gewichtete Quelle individuellen Selbstwertes und Reputation. Auch wo sie zur wichtigsten Quelle wird, ist sie doch mit der individuellen Ehre verbunden, denn durch die Zugehörigkeit zu einer ehrbaren Gruppe erwirbt auch das Individuum Ehre.

(d) Allgemeine Ehre?

Das europäische Verständnis von Ehre wurde vom „orientalischen" dahingehend unterschieden, dass erstere als besondere Ehre zu verstehen sei, also durch besondere Taten erworben werden müssen, während letztere als allgemeine Ehre durch nicht normgerechtes Verhalten verloren ginge.[93] Damit wird der Gegensatz aufgemacht zwischen einer Vorstellung „westlicher" Individualität und „orientalischer" Konformität. Ich möchte zeigen, dass Ehre in verschiedenen sozialen Kontexten in beiden Dimensionen auftritt.

Der Begriff der Ehre bezieht sich auf zweierlei, einerseits die allgemeine Ehre, die jedem Menschen zu eigen ist, der sich an bestimmte Mindeststandards ehrenhaften Verhaltens hält, andererseits die besondere Ehre, die demjenigen zuteil wird, der sich durch besonders ehrenvolle Taten hervortut. „Traditionelle Ehre" wird oft auf den ersten Aspekt reduziert. Die Überlegungen zur Begriffsgeschichte (3.2) haben jedoch gezeigt, dass es sowohl im Türkischen als auch im palästinensischen Dialekt des Arabischen Worte für beide Formen der Ehre gibt. Das allein könnte schon als Beleg für das Vorhandensein beider Aspekte der Ehre gelten. Dennoch möchte ich noch ein paar systematische Überlegungen anstellen, um meine These zu stärken.

---

92 Anderson, *Streetwise*, 70.
93 Ateş, *Der Multikulti-Irrtum - Wie wir in Deutschland besser zusammenleben können*, 72f.

Die allgemeine Ehre ist meiner Meinung nach eine Bedingung dafür, besondere Ehre zu erwerben. Wer elementare Normen des Zusammenlebens nicht einhält, dem ist es nicht möglich, Ehre durch besondere Taten zu erwerben. So zeigt Werner Schiffauer für den türkisch-dörflichen Kontext, dass ein Mann, der einer verheirateten Frau nachstellt, seine (allgemeine) Ehre verliert und damit sein Ansehen als ehrbarer Mann, welches er durch keine eigene Tat wieder herzustellen vermag. Nicht nur sein eigenes Verhalten, sondern auch das seiner Familienmitglieder, vermag seine allgemeine Ehre zu beeinträchtigen. Die Unfähigkeit eines Familienvaters, die Familienehre durch die Ausübung innerfamiliärer Autorität zu schützen, lasse ihn in der Gesellschaft zu einer *person non grata* werden. Im Gegensatz zum ersten Beispiel kann dieser Mann jedoch seine Ehre wiederherstellen, indem er durch Maßregelung des Familienmitgliedes die innerfamiliäre Autorität wiederherstellt. Diese Tat kann ihm jedoch auch besonderes Ansehen einbringen, weil er einer Gefährdung der Familienehre erfolgreich entgegengetreten ist.[94] Die allgemeine Ehre kann durch individuelles Fehlverhalten verloren gehen. Sie ist jedoch auch die Voraussetzung für besondere Taten, welche besondere Ehre mit sich bringen.

Hans Speier hat argumentiert, dass die gesellschaftlichen Normen, welche der sozialen Praxis der Ehre zugrunde liegen, ein Kontinuum der Bewertung von verbotenem über erlaubtes zu exzellentem Verhalten aufmachen. Je herausragender ein Individuum sich verhalte, desto höhere Ehren (bzw. sozialen Status) könne es erwerben. Ehre beruhe auf seiner Exklusivität. „Je kleiner der Kreis der der Verehrten, desto größer ist die Auszeichnung, zu ihm zu gehören". Geehrt würde man „nicht, weil man allem anderen Existenten gleich, sondern verschieden von etwas und ihm überlegen"[95] sei. Allgemeine Ehre ist die geringste Ehre, die ein Individuum erfahren kann. Deshalb ist ihr Verlust auch so schmerzlich, sinkt das entehrte Individuum dadurch in seinem Status noch unter diejenigen mit der niedrigsten Ehre herab. Durch Verhalten, welches das Erlaubte übertrifft und als exzellent zu bezeichnen ist, kann es jedoch besondere Ehren erwerben.

---

94 Schiffauer, *Die Gewalt der Ehre*, 67ff.
95 Speier, „Honor and Social Structure", 90f.

> Sein Vater hatte Kamil gesagt, dass alle zu ihm aufschauen würden, wenn er das mit Dilber wieder in Ordnung bringt. Kamil war das aber egal. Was soll er mit der Anerkennung seiner Leute, wenn er sein Verhalten selber nicht in Ordnung findet. Alles was er wollte ist, dass in seiner Familie alles in Ordnung kommt und dass er auf seine Familie wieder stolz sein kann.

> Für Kamils Vater würde er besondere Ehre erwerben, wenn er dafür sorgen würde, dass die Familienehre wiederhergestellt würde. Kamil sieht das anders, denn er findet, dass es keine besondere Ehre darstellt, seiner eigenen Schwester etwas zu verbieten. Ihm geht es allein um die allgemeine Ehre der Familie und seiner selbst, die durch Dilbers Verhalten gefährdet ist.
>
> *Abbildung 4.5*

Ehre stellt meiner Ansicht nach ein Kontinuum zwischen der allgemeinen Ehre, die durch Verhalten, welches die elementaren Regeln des Zusammenlebens übertritt, verlorengehen kann und der besonderen Ehre dar, die durch herausragende Taten erworben wird. Je nach Kontext steht eine unterschiedliche Dimension der Ehre im Vordergrund. Es kann jedoch kein einfacher Zusammenhang zwischen allgemeiner Ehre und „Tradition" sowie besonderer Ehre und „Moderne" festgestellt werden.

4.2 „Moderne Ehre"

Während die Philosophie des 20. Jahrhunderts Ehre weitgehend als in der „modernen Gesellschaft" obsolet geworden beschrieb[96], ist seit dem Beginn des 21. Jahrhunderts ein erneutes Interesse am Begriff der Ehre auszumachen, welches ihn für das Verständnis der „modernen Welt" nutzbar machen möchte. Einige dieser philosophischen Ansätze basieren auf einer klaren Trennung von „Tradition" und „Moderne", indem sie eine Vorstellung „moderner Ehre" vorschlagen, die sich klar von der „traditionellen Ehre" abgrenzt. Andere betonen eher die Kontinuitäten zwischen dem früheren und heutigen Verständnis von Ehre. Ich möchte zeigen, dass eine stereotypisierte Vorstellung „moderner Ehre", die sich klar von „traditioneller Ehre" abgrenzt, der Vielfalt der sozialen Praxis der Ehre in der modernen Gesellschaft nicht gerecht wird. Das Stereotyp, welches ich im Einzelnen widerlegen möchte, lässt sich auf Grundlage der oben (3.1) gemachten Unterscheidungen wie folgt charakterisieren:

(a) Handlungsmotiv: Wer nach Ehre strebt, dem geht es nicht um das Ansehen, sondern um den Selbstwert, welchen sie/er durch ihr/sein Handeln erwirbt.

---

96 Berger, „On the Obsolescence of the Concept of Honor".

(b) Ehre und Moral: Die Normen des ehrenhaften und des moralischen Verhaltens sind deckungsgleich.

(c) Individuelle / kollektive Ehre: Ehre ist eine Eigenschaft des Individuums und nur abhängig vom individuellen Verhalten.

(d) allgemeine / besondere Ehre: Ehre ist etwas, das durch besondere Taten erworben wird.

Murat setzt sich für Luca ein, der gerade sein Coming Out hat und in der Klasse gemobbt wird. Für ihn ist es Ehrensache, sich so zu verhalten. Er würde sich schämen, wenn er nicht etwas dagegen sagen würde. Bei seinen Kumpeln in der Klasse verliert er dadurch an Ansehen, weil er nicht bei ihren Schwulenwitzen mitmacht.

Micha hingegen hat beim Mobbing mitgemacht, fühlt sich aber nicht gut damit. Er findet es eigentlich blöd, andere zu beleidigen, aber die anderen haben ihn überredet, Luca in einer besonders gemeinen Aktion vor der Klasse bloßzustellen. Sein Ansehen in der Gruppe ist danach gestiegen, aber stolz ist er nicht auf das, was er getan hat.

Luca sind seine Mitschüler_innen egal. Außer auf Murat kann er da auf niemanden zählen. Aber seine Freunde und seine Familie haben ihn unterstützt und sind stolz auf ihn, dass er den Schritt zum Coming Out gewagt hat. Er ist aber auch selbst stolz auf sich, weil er es für unter seiner Würde hält, sich nur wegen seiner Mitschüler zu verstellen.

Murat verhält sich seinen eigenen Maßstäben nach ehrenhaft, erfährt jedoch dafür keine Ehrung und erwirbt kein Ansehen, weil sein Verhalten den Normen seines sozialen Umfelds nach als ehrlos einzustufen ist. Trotzdem ist er auf seine Taten stolz, weil er sich nicht dem Druck der Gruppe gebeugt hat, sondern seiner individuellen Vorstellung des Ehrenhaften gefolgt ist.

Micha wird verehrt, obwohl er sich nach seinen eigenen Maßstäben nicht besonders gut verhalten hat, weil er sich der kollektiven Norm des Ehrenhaften entsprechend verhalten hat, ohne sie selbst zu teilen. Er erwirbt zwar Ansehen, kann aber schwerlich stolz auf seine Taten sein, da er sie selbst nicht als gut bewertet.

Luca wird für sein Verhalten geehrt, welches er auch selbst als gut bewertet. Er erwirbt damit sowohl einen guten Ruf als auch eine gute Meinung von sich selbst, weil er die Normen des Ehrenhaften, die in seinem Freundes- und Familienkreis Geltung haben, teilt.

Abbildung 4.6

(a) Handlungsmotiv Selbstwert?

Dem Stereotyp der „modernen Ehre" nach geht es demjenigen, der nach Ehre strebt, nicht um das Ansehen, das er durch sein Handeln erwirbt, sondern um seinen Selbstwert als ehrenhaftes Individuum, welcher unabhängig ist von der kollektiven Bestätigung.[97] Ich möchte hingegen argumentie-

---

97 Speier, „Honor and Social Structure", 86.

ren, dass die Bewertung eigenen Verhaltens äußerst selten völlig unabhängig von kollektiven Bewertungen ist.

Stellen wir uns eine anti-rassistische Aktivistin vor, die sich einem enormen gesellschaftlichen Druck ihrer Gemeinde aussetzt, weil sie sich gegen den lokal verbreiteten Rassismus einsetzt. Ihr ist es wichtiger, sich ihren Prinzipien entsprechend zu verhalten und sich für Gerechtigkeit einzusetzen, als ein angesehenes Mitglied der Gemeinde zu sein. Es könnte argumentiert werden, dass sie eine am Selbstwert orientierte Vorstellung individueller Ehre besitzt, für welche die kollektive Bewertung ihres Verhaltens völlig irrelevant ist. Daniel Putman argumentiert hingegen mit diesem Beispiel, dass es in der heterogenen Welt unserer Zeit wahrscheinlicher ist, dass ehrenwertes Verhalten auf gesellschaftliche Ablehnung durch bestimmte Gruppen oder Individuen stößt, da pluralistische Gesellschaften durch eine Vielzahl konkurrierender und sich gegenseitig widersprechender Ehrbegriffe geprägt sind. Das heiße aber nicht, dass unser Verhalten nicht in einer „geteilten Vision" verortet sei. Auch wenn die moralischen Communities unserer Zeit nicht immer, wie in der griechischen Polis, durch räumliche Nähe zusammengehalten werden, so „geben sie (doch) dem Individuum das mentale Bezugssystem (die 'Augen' des Anderen), um die wahrhaft ehrenvolle Tat zu vollbringen". Die Aktivistin fühle sich, was ihr anti-rassistisches Engagement betrifft, nicht nur als Teil ihrer Gemeinde, sondern auch als Teil einer globalen Gemeinschaft gleicher Individuen. Das Ideal der Gleichheit aller Individuen, dem sie sich verpflichtet fühlt, habe sie womöglich aus ihrer liberalen Erziehung erhalten. Ihr Handeln sei zwar nicht durch die Anerkennung ihrer Peers motiviert, doch verhalte sie sich im Einklang mit einer Vorstellung von Tugend, die in gesellschaftlichen Wertvorstellungen wurzelt.[98] Wahrscheinlich ist sie auch der Auffassung, dass sie mit ihrem Engagement etwas Ehrenwertes tut. Ihre Bewertung ihres eigenen Verhaltens als ehrenhaft ist damit aber nicht unabhängig von der kollektiven Bewertung, wenn auch das Kollektiv nicht in ihrer unmittelbaren Umgebung zu verorten ist.

---

98 Putman, „In Defence of Aristotelian Honour.", 287.

Murat hat zwar an Ansehen bei seinen ehemaligen Kumpeln verloren, aber viele andere Schüler finden es richtig gut, dass er zu Luca steht, auch wenn sie sich selbst nicht trauen, etwas gegen die anderen zu sagen.

Von Micha hingegen sind viele enttäuscht, weil er sich mit den Rüpeln eingelassen hat. „Er macht das doch nur, damit er nicht selber von denen gemobbt wird.", sagen sie über ihn.

Auch wenn Luca wenig Unterstützung in der Klasse bekommt, sind doch viele beeindruckt von seinem Mut, von dem sie nicht wissen, ob sie ihn selbst aufbringen würden.

Murat verhält sich seinen eigenen Maßstäben nach ehrenhaft und verliert damit erst einmal Ansehen in seiner Clique. Dass er sich nichts aus deren Meinung macht, verschafft ihm jedoch das Ansehen derjenigen, die mit dem Mobbing auch nicht einverstanden sind, sich jedoch nicht trauen, Luca zu unterstützen.

Micha wird verehrt, obwohl er sich nach seinen eigenen Maßstäben nicht besonders gut verhalten hat, weil er sich der kollektiven Norm des Ehrenhaften entsprechend verhalten hat, ohne sie selbst zu teilen. Dass er Reputation für sein Verhalten erfährt, bringt ihm Selbstwertgefühl ein. Die Quelle seines Selbstwertes ist nicht sein moralisch gutes Verhalten, sondern seine Reputation.

Luca hat im Interesse seines Selbstwertes gehandelt. Für seinen Mut erhält er auch Anerkennung, wenn auch keine Unterstützung.

Abbildung 4.7

Auch Verhalten, welches am Selbstwert orientiert ist, vermag der/dem Handelnden Reputation einzubringen. Auch wo dies nicht der Fall ist, sind die individuellen Vorstellungen doch in eine kollektive Vorstellung vom Guten eingebettet. Wer sich gegen sozialen Druck einer solchen Vorstellung von Ehre entsprechend verhält, erwartet zwar nicht unbedingt, Ansehen zu erwerben. Jedoch wird sie trotzdem das Gefühl haben, dass ihr Verhalten anerkennungswürdig ist.

(b) Moralische Ehre?

Ist Ehre in der „Moderne" näher an der Moral als in der „vor-modernen" Vergangenheit bzw. in sog. „traditionellen Gesellschaften"? Philosophisch sind sich die Vertreter_innen „moderner Ehre" nicht einig, was das Verhältnis von Ehre und Moral betrifft. Ich möchte nach der Diskussion einiger dieser Positionen festhalten, dass sie kein überzeugendes Argument dafür liefern, dass Ehre in der „modernen Gesellschaft" mit Moral einhergehen muss.

Für Sharon Krause sind ehrenvolle Taten nicht zwangsläufig moralisch gute Taten. Der Handelnden, die nach Ehre strebt, geht es darum, „das zu tun, was man sich selbst schuldig ist, nicht was man anderen schuldet". Auch wenn sie moralisch gut handele, so nicht, um moralisch zu sein, sondern weil sie zu viel auf sich selbst halte, als anders zu handeln.[99] Für Anthony Cunningham hingegen beruht mo-

---

99   Krause, „The Politics of Distinction and Disobedience", 476.

34

ralisches Verhalten auf einem „Sinn für Ehre". Moralische Überzeugungen erlangen seiner Argumentation nach erst dann Einfluss auf menschliches Handeln, wenn das Individuum das Gefühl entwickelt hat, es sich selbst schuldig zu sein, ihnen entsprechend zu handeln. Solange sie nur Ergebnis einer abstrakten Überlegung sind und der rein kognitiven Einsicht, dass ein ethischer „Fakt" Geltung hat, entspringen, werden sie kaum Einfluss auf menschliches Verhalten erlangen. Erst wenn das bestimmten Prinzipien entsprechende Verhalten in die elementaren individuellen Vorstellungen darüber, „wie zu leben und welche Person zu sein", eingeht, könne wirklich von einer moralischen Überzeugung gesprochen werden, nach welcher das Individuum sein Handeln ausrichtet, bzw. wenn er darin scheitert, das Gefühl von Scham empfinden wird. Cunningham bezeichnet diese Vorstellungen als Ehre.[100]

Nehmen wir an, Cunningham hat Recht und die Moral ist auf einen Sinn für Ehre angewiesen, dann kann daraus nicht der umgekehrte Schluss gezogen werden, dass Ehre notwendig mit Moral einhergeht. Wir können dann argumentieren, dass es gut wäre, wenn die Normen ehrenhaften Verhaltens näher an der Moral platziert wären, und durch Sozialisationsinstanzen vermittelt würde. Tatsächlich beruht die „moderne Gesellschaft" jedoch nicht unbedingt auf moralischem Verhalten, sondern auf der Ausfüllung institutioneller Rollen. Baxter und Margavio zeigen mit ihrer Studie, wie das individuelle Bedürfnis nach Reputation und Selbstwert in der „modernen Gesellschaft" an Rollenperformanz gebunden wird. „Die Aufklärung befreite das individuelle Streben (*passion*) und die Vernunft von der Unterordnung unter „traditionelle" Autoritäten, welche in religiöse und aristokratische Ehrenkodex eingebettet waren, nur um das Individuum wieder an die Gesellschaft zu binden, indem Ansehen (*status honor*) an institutionelle Rollen und ein reflexives Selbst gebunden wurde, dessen Stolz und Selbstwert von seinem Ansehen" abhängen, welches sich in der Erfüllung leistungsorientierter sozialer Rollen äußere. In der „modernen Gesellschaft" sei es demnach nicht moralisches Verhalten, an welchen der Selbstwert von Individuen hänge, sondern die erfolgreiche Partizipation an der Gesellschaft.[101]

Ehre und mit ihr das Gefühl von Stolz und Schande sind in unterschiedlichen Kontexten, Gesellschaften und historischen Epochen an unterschiedliche Normen ehrenhaften Verhaltens gebunden. Ein Wandel dieser Normen kann auch zu gesellschaftlichem Wandel beitragen. Sozialer Wandel findet, wie Hans Speier bemerkt, auch durch die „Usurpation" gängiger Statushierarchien statt. Während die französische und die russische Revolution einen politischen Umsturz benötigten, um die gesellschaftlichen Statushierarchien auf den Kopf zu stellen, sei es der englischen Mittelschicht gelungen, Bildung als neues Prinzip der Ehre gegenüber dem als überkommen abgelehnten Prinzip der

---

100 Cunningham, *Modern Honor*, 117ff.
101 Baxter und Margavio, „Honor, Self, and Social Reproduction.", 129ff.

Geburt durchzusetzen[102]. Auch die Ächtung unmoralischer Praktiken, wie dem Duell, dem transatlantischen Sklavenhandel oder der chinesischen Praxis des Füßebindens, könne auf einen Wandel in den Vorstellungen des Ehrenhaften zurückgeführt werden.[103] Ein Wandel im Ehrverständnis kann aber auch völlig unmoralisches Verhalten zur Quelle von Selbstwert und Reputation werden lassen, so etwa die „rassendeterministische Fassung von Ehre" im Nationalsozialismus.[104]

Cunningham legt eine gute Argumentation dafür vor, den Normen ehrenhaften Verhaltens in der Moralphilosophie mehr Aufmerksamkeit zuzuwenden, weil sie eine zentrale Motivation individuellen Verhaltens darstellen und auch zu einer Motivation moralischen Verhaltens werden können. Er hat jedoch kein Argument dafür vorgelegt, dass Ehre in der „Moderne" näher an der Moral platziert ist, als in anderen Kontexten.

---

102 Speier, „Honor and Social Structure", 86.
103 Appiah, „Eine Frage der Ehre oder Wie es zu moralischen Revolutionen kommt."
104 Zingerle, „Die Systemehre. Stellung und Funktion von Ehre in der NS-Ideologie".

Murat hat sich auch überlegt, wie es für ihn wäre, wenn er schwul wäre. Das wäre ganz schön anstrengend, wenn er dann überhaupt keine Unterstützung bekommt. Deshalb ist es für ihn das einzig Richtige, Luca zur Seite zu stehen.

Micha findet es auch nicht gut, andere zu mobben, aber da er selbst eher zu den Losern an der Schule gehört, wollte er sich die Gelegenheit nicht entgehen lassen, seinen Ruf an der Schule zu verbessern.

Luca geht es vor allem darum, dass es ihm selbst gut geht und er sich nicht verstellen muss. Er denkt aber auch daran, dass es ja blöd ist, wenn alle die anders sind sich verstellen. Wenn er jetzt den Anfang macht, finden vielleicht auch andere den Mut, sich zu outen.

Murat und Micha sind sich einig darin, dass es moralisch schlecht ist, beim Mobbing mitzumachen. Ihrer individuellen Norm ehrenhaften Verhaltens nach ist es unehrenhaft, andere schlecht zu machen. Weil es Murat wichtiger ist, sich moralisch zu verhalten als sein Ansehen innerhalb der Gruppe zu wahren, wendet er sich gegen deren Verhaltensweisen. Er behält seine innere Ehre um den Preis der äußeren.

Für Micha hingegen ist es zu verlockend, sein Ansehen zu steigern, als dass er sich durch sein Gewissen davon abhalten lassen möchte. Er gewinnt an äußerer Ehre und gibt dafür seine innere Preis. Da er aber durch seinen geringen sozialen Status bedingt ein niedriges Selbstwertgefühl besitzt, ist es für ihn kein großer Verlust.

Für Luca spielen moralische Erwägungen vordergründig keine Rolle. Es geht ihm um sich selbst und sein Selbstwertgefühl. Allerdings ist er sich auch der moralischen Dimension seines Verhaltens bewusst und weiß, dass er damit auch etwas Gutes tut.

Abbildung 4.8

Ehre ist eine normative Orientierung, die an verschiedene, auch an moralische Normen ehrenhaften Verhaltens gebunden sein kann. Dies gilt auch für die „moderne Gesellschaft", wo Ehre durch moralisch gute (antirassistisches Engagement), moralisch neutrale (beruflicher Erfolg) und moralisch schlechte Taten (erfolgreich einen Krieg führen) erworben werden kann.

(c) Individuelle Ehre?

Von der „modernen Ehre" heißt es weiterhin, dass sie eine Eigenschaft sei, die nur Individuen, nicht jedoch Kollektiven irgendeiner Art zu Eigen sei.[105] Ich möchte entgegnen, dass das Verhalten anderer sowie das Ansehen von Kollektiven Einfluss auf das individuelle Selbstwertgefühl und die Reputation besitzt und insofern individuelle und kollektive Ehre vielfältige Bezüge aufeinander aufweisen.

Wo das Wort Ehre im zeitgenössischen deutschen Sprachgebrauch nur sehr beschränkt Verwendung findet, ist das Wort Stolz viel häufiger zu hören. Auch ein großer Teil der Schüler_innen hat in der Befragung Ehre mit Stolz paraphrasiert. Stolz kann man auf sich selbst sein, auf andere Individuen

---

105 Berger, „On the Obsolescence of the Concept of Honor", 176.

und auf Kollektive, denen man angehört. Wer auf sich selbst stolz ist, von dem kann gesagt werden, er habe Selbstwertgefühl. Er bewertet sein eigenes Verhalten und seine Person positiv. Stolz bezüglich anderer beinhaltet jedoch oft mehr als eine Bewertung. Alle möglichen Personen und Kollektive können als positiv bewertet werden. Damit jemand Stolz empfindet, muss er sich ihnen jedoch in irgendeiner Weise zugehörig fühlen.[106] Stolz empfindet man nicht gegenüber Menschen, zu denen man keinen Bezug hat, sondern gegenüber Freund_innen, Familienmitgliedern, Kolleg_innen, Menschen aus der eigenen Stadt oder dem eigenen Land. Stolz ist man auch nicht auf das Nachbarland oder die gegenerische Fußballmannschaft, sondern auf das eigene Land oder die Fußballmannschaft, der man sich zugehörig fühlt. Das Gefühl des Stolzes beinhaltet oft auch eine Aufwertung desjenigen, der den Stolz empfindet.[107] Wer sagt, er sei stolz, jemanden zu kennen, der etwas Besonderes getan hat oder stolz, einem Kollektiv anzugehören, welches ein besonderes Ansehen besitzt, der bewertet auch seine Beziehung zu dieser Person bzw. diesem Kollektiv als positiv. Sie ist nicht nur selbstwertförderlich, sondern kann auch das eigene Ansehen steigern. Auf der anderen Seite kann die Beziehung zu einer Person, deren Ansehen beschädigt ist, den eigenen Selbstwert und die Reputation schädigen. Viele denken schlecht über Eltern, deren Kinder Drogen nehmen. Dasselbe gilt für die Zugehörigkeit zu Kollektiven. Mitglieder einer Moscheegemeinde, aus deren Reihen ein Gewalttäter hervorgegangen ist, müssen mit gesellschaftlicher Stigmatisierung rechnen. Über die Beschädigung des Ansehens hinaus kann die mit dem Fehlverhalten anderer verbundene Schande auch den eigenen Selbstwert beeinträchtigen. So fragt sich die Mutter womöglich, was sie in der Erziehung ihres Kindes falsch gemacht hat, und das Gemeindemitglied, warum sie es in ihrer Gemeinde nicht verhindern konnten, dass jemand von ihnen zur Gewalt gegriffen hat. Bennett Helm bezeichnet diese Form des Stolzes auf andere als egozentrisch, weil sie die Leistung der/des anderen für die Steigerung des eigenen Selbstwerts in Anspruch nimmt. Ihr stellt sie den Sonderfall des „liebenden Stolzes" gegenüber, der auf einer Identifizierung mit der/dem anderen beruht. Der eigene Stolz auf einen geliebten anderen bedeutet nicht, sich selbst besser zu fühlen, sondern sich für die/den andere_n zu freuen.[108] Während der „egozentrische Stolz" einen Bezug zwischen individueller und kollektiver Ehre herstellt, ist der „liebende Stolz" als eine Form kollektiver Ehre zu beschreiben. Indem sich ein Individuum mit einem geliebten anderen identifiziert, macht es sich die Ehre des anderen gewissermaßen zum gemeinsamen Anliegen.

---

106 Brett und Paxman, „Reason in Hume's Passions", 48.
107
108 Helm, „Love as Intimate Identification.", 31.

Sharon Krause hat eine Konzeption von Ehre vorgelegt, die ihrer Auffassung nach unverzichtbar für liberale Gesellschaften ist. Sie beruht auf einer Vorstellung der charakterlichen Qualität, die sich in *hohen Ambitionen*, also der Bereitschaft, großartige Taten zu vollbringen, die mehr sind als das, was von einem verlangt wird, äußert.[109] Krause vernachlässigt jedoch, dass Vorstellungen ehrenhaften Verhaltens in kollektive Normen eingebettet sind. Sie zeichnet ein Bild der liberalen Gesellschaft, in dem Gruppenzugehörigkeiten durch größere gesellschaftliche Mobilität schwächer werden, woraus eine größere Variabilität und geringere Verbindlichkeit von Ehrenkodexen erwachse, sodass diese eher gewählt würden, als vorgegeben seien. Sie übersieht dabei meiner Meinung nach, dass in pluralen Gesellschaften durchaus relativ stabile Zugehörigkeiten bestehen, die jeweils eigene Ehrenkodexe mit sich bringen.[110] Ihre Vorstellung, dass eine liberale Gesellschaft aus rational nutzenmaximierenden Individuen besteht, die ihre „Meinungen mit ihren Bedürfnissen ändern"[111] ist meines Erachtens verfehlt, weil sie die kollektiven Orientierungen vieler Mitglieder liberaler Gesellschaften vernachlässigt, die ihr Handeln nicht nur am eigenen Interesse, sondern auch an dem der Gruppe, der sie sich zugehörig fühlen, orientieren.[112] Wo soziale Zugehörigkeiten ausgeprägt sind, hat das individuelle Verhalten auch Auswirkungen auf Selbstwert und Reputation anderer, die sich ihm zugehörig fühlen. Wie diese Auswirkungen konkret aussehen, ist abhängig von den Normen ehrenhaften Verhaltens, die in einer Gruppe gelten, der Beziehungsstruktur und der sozialen Position der beteiligten Akteure.

---

109 Krause, „The Politics of Distinction and Disobedience", 475ff.
110 Anderson, *Streetwise*; Kay, „Reasoning about Family Honour among Two Generations of Hindu Indian-Americans."; Toprak, *Das schwache Geschlecht - die türkischen Männer*.
111 Krause, „The Politics of Distinction and Disobedience", 490.
112 Gray, „Rawls and the Problem of Honour".

In den Augen seiner Kumpel hat Murat seine Ehre verkauft. Er hat sich unsolidarisch verhalten und damit den Ruf der Schüler_innen-Gruppe beschädigt.

Micha kann durch seine Aufnahme in die Gruppe von ihrem Ruf profitieren und wird in der Klasse jetzt stärker beachtet.

Lucas Freund_innen/e sind stolz auf ihn und fühlen sich geehrt, mit so einem mutigen Typen befreundet zu sein. Viele erzählen davon, wie er sich in seiner Klasse, trotz Mobbing durchgesetzt hat.

Das Verhalten von Einzelnen kann in unterschiedlicher Hinsicht mit der individuellen und kollektiven Ehre anderer verbunden sein. Murat bewirkt mit seinem nicht sozial konformen Verhalten einen Verlust der Reputation der Gruppe, deren Normen er sich widersetzt, denn das Ansehen der Gruppe beruht unter anderem darauf, dass alle Gruppenmitglieder zusammenhalten und sich geteilten Normen verpflichten.

Micha hingegen stärkt die Reputation der Gruppe, deren Normen er sich unterordnet. Wenn er auch nicht stolz auf seine Taten ist, so doch darauf, jetzt zur Gruppe dazuzugehören. Dass er bereit ist, seine Prinzipien aufzugeben, um dazuzugehören, verdeutlicht die Macht, welche die Gruppe auf andere auszuüben vermag.

Luca bewirkt mit seinem Verhalten, dass viele in seiner Familie und seinem Freundeskreis stolz auf ihn sind. Für seine Freunde ist es eine Ehre, mit so einer mutigen Person befreundet zu sein.

Abbildung 4.9

Zusammengefasst kann die Aussage zurückgewiesen werden, in „modernen Gesellschaften" sei Ehre eine ausschließlich individuelle Angelegenheit. Das Verhalten von Personen, denen man sich zugehörig fühlt, hat Einfluss auf den individuellen Selbstwert und die Reputation. Auch Zugehörigkeiten zu Kollektiven können die eigene Ehre beeinflussen, Ehre oder Schande mit sich bringen. Es scheint eine Besonderheit der Ehre zu sein, dass sie sich nicht auf eine individuelle Eigenschaft reduzieren lässt.

(d) Besondere Ehre?

Wer im heutigen deutschen Kontext von Ehre spricht, meint meistens die besondere Ehre, die demjenigen zuteil wird, der sich durch besondere Taten ausgezeichnet hat. Sie äußern sich z.B. in Ehrenpreisverleihungen oder der verliehenen Ehrendoktorwürde. Ehre ist damit nicht mehr etwas Allgemeines, das zu einem lebenswerten Leben dazugehört und dessen Verlust den sozialen Tod bedeutet, weshalb es um jeden Preis, auch den der Gewaltausübung, bewahrt werden muss, sondern etwas, dass den Einzelnen aus der Masse heraushebt. Theoretiker_innen der „modernen Ehre" verwenden häufig den Begriff der Exzellenz, um zu veranschaulichen, welche Rolle der Begriff Ehre heute einnehmen kann.[113]

---

113 Cunningham, *Modern Honor*; Oprisko, *Honor*; Krause, „The Politics of Distinction and Disobedience".

Den Platz der allgemeinen Ehre hat heute die Menschenwürde eingenommen, die „von allen sozial erzwungenen Regeln und Normen entkleidete intrinsische Menschlichkeit. Sie gehört zum Selbst als solchem, zum Individuum unabhängig von seiner Position in der Gesellschaft"[114]. Im Gegensatz zu einer Vorstellung von Ehre als an die Unterordnung des Individuums unter soziale Normen gebunden sei die Menschenwürde egalitär, weil sie jedem Menschen zukomme. In der „modernen Gesellschaft" soll jeder in Bezug auf seinen Wert als Menschen gleich sein. Eine Vorstellung besonderer Ehre sei mit der allgemeinen Gleichheit vereinbar, weil sie den Kernbestand an menschlichem Wert nicht in Frage stelle.[115] Ich möchte dieser Position entgegnen, dass die Menschenwürde die allgemeine Ehre auch in „modernen Gesellschaften" nicht ersetzt, sondern ergänzt und „moderne Ehre" deshalb nicht auf ihre besondere Dimension reduziert werden kann.

Während Menschenwürde etwas ist, was per definitionem nicht verloren gehen kann, weil ja angenommen wird, sie sei jedem Menschen qua Menschsein zu eigen, gibt es daneben eine Vorstellung von etwas, dass verloren gehen kann, wenn elementare Normen des Zusammenlebens gebrochen werden. Menschen etwa, die Verbrechen gegen die Menschlichkeit begangen haben, besitzen nach deutscher Rechtsauffassung immer noch eine menschliche Würde und müssen dementsprechend behandelt werden. Dennoch erleben sie gewissermaßen einen sozialen Tod, der mit einem gesellschaftlichen Stigma einhergeht, welches schwer wieder abzulegen ist. Was sie dabei verloren haben, kann als ihre Ehre bezeichnet werden.[116] Die Menschenwürde ist eine rechtliche Institution, die das Individuum vor den möglicherweise tödlichen Folgen des Ehrverlustes schützt, indem es ihm eine humane Behandlung zusichert. Wovor sie es nur teilweise schützen kann, sind die sozialen Folgen, die in Ausgrenzung und Stigmatisierung bestehen.

---

114 Berger, „On the Obsolescence of the Concept of Honor", 176.
115 Taylor, „The Politics of Recognition", 27f.
116 In diesem Sinne spricht Heinrich Böll von der „verlorenen Ehre der Katharina Blum".

Murat hat das Gefühl, sich seine Ehre bewahrt zu haben. Er ist der Meinung, dass er seine Ehre verkauft hätte, wenn er beim Mobbing mitgemacht oder auch nur seine Klappe gehalten hätte. Er hätte sich nicht mehr selbst ins Gesicht schauen können.

Micha hat zwar durch sein Verhalten einen gewissen Grad an Ansehen erworben. Trotzdem fühlt er sich nicht sonderlich gut und wird das Gefühl nicht los, ehrlos gehandelt zu haben.

Luca hat nicht nur seine Ehre bewahrt, indem er zu sich und seiner Art zu lieben steht. Er hat mit seinem Coming Out auch etwas wirklich Mutiges getan und wird dafür in seinem Freundes- und Familienkreis geehrt.

Murat verhält sich nach seine individuellen Maßstäben richtigen Handelns und bewahrt sich damit seine allgemeine Ehre.

Obwohl Micha für seine Taten verehrt wird, verliert er in gewisser Hinsicht seine allgemeine Ehre, weil er seine Prinzipien des ehrenhaften Verhaltens verletzt hat.

Luca bewahrt sich durch sein Verhalten nicht nur seine allgemeine Ehre, indem er das tut, was er selbst und andere von ihm erwarten, sondern er übertrifft die Erwartungen sogar noch durch eine mutige Tat, die ihn unter den Ehrenhaften als Person besonderer Ehre auszeichnet.

Abbildung 4.10

Darüber hinaus ist Ehre etwas, das nicht nur durch die Übertretung gesellschaftlich weit verbreiteter Normen verloren gehen kann. Gruppenzugehörigkeiten sind für die Identität vieler Menschen in „modernen Gesellschaften" besonders wichtig. In vielen gesellschaftlichen Gruppen gelten eigene Normen ehrenhaften Verhaltens, die ein Minimum definieren, dessen Unterschreitung zum Ehrverlust und möglicherweise zum Ausschluss aus der Gruppe führt. So kann z.B. ein Mann, der mit der Freundin seines Freundes geschlafen hat, jegliche Anerkennung in seinem Freundeskreis verlieren, weil er damit die Norm, in der sie sich alle einig zu sein glaubten, nichts mit den Partnerinnen eines Freundes anzufangen, verletzt hat. Weil für ihn sein Freundeskreis sehr wichtig war, kommt der Ausschluss aus der Gruppe seinem sozialen Tod gleich. Seine Menschenwürde ist für diesen Fall völlig irrelevant, denn hier geht es nicht um rechtliche, sondern um soziale Normen, die je nach sozialem Kontext sehr unterschiedlich ausfallen. Während die Menschenwürde unabhängig vom sozialen Kontext ist, ist Ehre ganz in diesen eingebettet. Eine Gesellschaft, in der Individuen sich nicht nur als gleiche, unabhängige Individuen gegenüberstehen, sondern in vielfältiger Weise aufeinander bezogen sind, bedarf Normen ehrenhaften Verhaltens.

4.3 Ehre jenseits von „Tradition" und „Moderne"

Ehre weist in „traditionellen" und „modernen" Kontexten viele Ähnlichkeiten auf, sodass eine prinzipielle Trennung der beiden auf eine Stereotypisierung hinausläuft, welche die vielfältige Realität nicht abzubilden vermag. Ich möchte damit nicht behaupten, dass in unterschiedlichen sozialen Kontexten nicht deutlich voneinander unterscheidbare Praxen der Ehre wirksam sind. Jedoch lassen sich diese nicht auf die dichotome Unterscheidung „Tradition"/„Moderne" reduzieren. Eine systematische Beschäftigung mit den Wirkungsweisen von Ehre im sozialen Miteinander vermag es, Ehre als etwas Universales und Partikulares zugleich zu begreifen. Während einerseits in allen sozialen Gefügen Normen ehrenhaften Verhaltens auszumachen sind, welche die Verteilung von Reputation regeln und die Einfluss auf den Selbstwert von Individuen haben, sind diese Normen andererseits je nach Gesellschaft ganz unterschiedlich. Das Thema Ehre ist damit hervorragend geeignet, um in einer pluralen Gesellschaft über das ins Gespräch zu kommen, was uns verbindet und was uns trennt. Während Ehre heute oft als etwas Trennendes begriffen wird, möchte ich mit meiner Arbeit dazu beitragen, Ehre als etwas allen Menschen Gemeinsames zu begreifen. Ein Blick in die vielfältige Praxis der Ehre vermittelt ein Bewusstsein für die Ähnlichkeiten, aber auch die Unterschiede zwischen verschiedenen Praxen der Ehre.

Auch in Bezug auf Menschen, die aus als „traditionell" bezeichneten Gesellschaften stammen, stellt sich Ehre als ein multidimensionales Phänomen heraus. Die soziale Praxis der Ehre ist so vielfältig, dass sie sich nicht in die Schublade „traditionelle Ehre" stecken lässt. Auch in Kontexten, wo gesellschaftliches Ansehen enorm wichtig ist, ist Ehre nicht bloße Reputation, sondern besteht auch in dem Selbstwertgefühl, ein ehrenhafter Mensch zu sein. Auch wenn Ehre nicht mit Moral gleichzusetzen ist, ist sie doch an Normen des Ehrenhaften gebunden, die für das Individuum unmittelbare Geltung haben. Auch wo kollektive Ehre eine wichtige Rolle spielt, ist die individuelle Ehre nicht zu vernachlässigen, denn im Streben nach Selbstwertgefühl und Reputation trägt das Individuum mit seinem Handeln zum kollektiven Gut bei. Auch wo Ehre etwas Allgemeines darstellt, das durch Fehlverhalten verloren gehen kann, kann keine Gesellschaft auf eine Vorstellung exzellenten Verhaltens verzichten, durch welches besondere Ehre erworben wird.

Ehre lässt sich ebenso wenig auf das Stereotyp „moderne Ehre" reduzieren, sondern stellt sich als vielfältiges soziales Phänomen heraus, welches je nach sozialem Kontext ganz unterschiedliche Auswirkungen haben kann, jedoch Gemeinsamkeiten aufweist, die sie auch mit der sogenannten „traditionellen Ehre" teilt. Auch wenn das Handlungsmotiv Selbstwert im Vordergrund steht, ist die Selbstbewertung nicht völlig unabhängig von kollektiven Bewertungen. Auch wenn die Normen ehrenhaften Verhaltens sich manchmal mit denen moralischen Verhaltens decken, besteht keine notwendige Verbindung zwischen beiden. Auch wenn durch stärkere gesellschaftliche Individualisierung Selbstwert und Reputation stärker vom eigenen Verhalten abhängen, hat auch das Verhalten anderer Einfluss auf die individuelle Ehre, solange kollektive Identitäten nicht völlig verschwunden sind. Auch wenn der Begriff der Ehre heute vor allem in Bezug auf besondere Ehre Verwendung findet, hat auch eine Vorstellung allgemeiner Ehre Bestand, die sich nicht auf Menschenwürde reduzieren lässt.

Ein komplexes soziales Phänomen, wie die Ehre, kann in sehr unterschiedlichen Formationen auftreten. Mal überwiegt das Streben nach Reputation, mal das nach Selbstwert. Mal decken sich die Normen ehrenhaften Verhaltens mit moralischen Geboten, mal stehen sie ihnen konträr entgegen. Mal spielt die kollektive Ehre eine größere Rolle, mal steht die individuelle im Vordergrund. Mal ist man darum bemüht, seine Ehre nicht zu verlieren, mal sie durch außergewöhnliche Taten zu gewinnen. Jeder Kontext und jede Handlung verdient es, in Bezug auf die Ehre in diesen verschiedenen Dimensionen beleuchtet zu werden. Eine stereotypisierte Vorstellung von Ehre, die eine bestimmte Formation auf äußerst heterogene soziale Realitäten (wie z.B. den „Orient" oder „die Migranten") anwendet, muss notwendig die soziale Realität und die in ihr verborgene Komplexität verkennen. Eine Analyse anhand der hier vorgeschlagenen Unterscheidungen in Bezug auf die Ehre kann die Komplexität reduzieren und allgemeine Aussagen über die soziale Praxis der Ehre ermöglichen, ohne die heterogene und vielfältige Realität aus dem Blick zu verlieren.

5. STIGMATISIERTE EHRE

„Die bessere Integration der Migranten in Deutschland könnte bewirken, dass diese sich
den Wertvorstellungen Deutschlands anpassen und nicht mehr in gleichem Umfang
ihren mitgebrachten und traditionellen Wert- und Ehrvorstellungen folgen." [117]

Ich habe bis hierhin gezeigt, dass der Begriff und die Praxis der Ehre viele Dimensionen aufweist.
Mit dem Begriff kann das Streben des Individuums nach Selbstwert und nach Reputation beschrieben werden, die oft voneinander abhängen. Ehre kann für moralische wie für unmoralische Verhaltensweisen erworben bzw. durch die verloren werden. Ehre ist mal ein kollektive Eigenschaft, mal
eine individuelle, wobei beide oft aufeinander bezogen sind. Ehre beschreibt gleichzeitig etwas Allgemeines, das durch elementare Normen des Zusammenlebens übertretendes Verhalten verloren gehen kann, und etwas Besonderes, welches durch besondere Taten erworben wird.

oft wurde Ehre jedoch stereotyp auf einige dieser Dimensionen reduziert und auf dieser Grundlage
entweder negativ oder positiv beurteilt. Für diejenigen, die Ehre (als „traditionell") ablehnen, ist sie
als sozialer Druck zu verstehen, der von außen an das Individuum herangetragen wird. Um nicht sozial durch Entehrung bestraft zu werden, passe es sich an die herrschenden Normen an, ohne von
der Richtigkeit seines Verhaltens überzeugt zu sein. Für die Befürworter von („moderner") Ehre ist
sie eine am individuellen Selbstwert orientierte Eigenschaft des Individuums, die durch besondere,
moralische Taten erworben werde und unabhängig von der Meinung des Kollektivs sei.

Mit dem Beginn der „Moderne" wurde Ehre in eine „traditionelle" und eine „moderne" Vorstellung
von Ehre unterschieden. Erstere wurde als rückständig abgelehnt, weil sie die Autonomie des Individuums verletze, sozial Erwünschtes statt moralisches Verhalten propagiere und zur Reproduktion
nicht gerechtfertigter Statushierarchien und Herrschaftsverhältnissen beitrage. Letztere wurde als
„moderne", aufgeklärte Ehre auf ein positives Stereotyp reduziert propagiert. So fand eine Trennung
zwischen einem „traditionellen" und einem „modernen" Verständnis von Ehre statt. Erstere wurde
zum Strukturelement „traditioneller Gesellschaften" erklärt, also jener Gesellschaftsform, von der
angenommen wird, die Staaten Mittel- und Nordeuropas hätten sie hinter sich gelassen und sie
käme heute nur noch in den Teilen der Welt vor, in den die „Moderne" noch keinen Einzug gehalten habe. Letztere behielt auch in „modernen" Gesellschaften ihren Platz als individualisierte, an
das Gewissen gebundene Vorstellung von Exzellenz.

Wie ist diese Trennung im Begriffsverständnis zu erklären? Meiner Auffassung nach ist Ehre Teil
eines hegemonialen Diskurses um den Gegensatz „Tradition"/„Moderne". Der Diskurs, der die Un-

---

117 Erben, *Gewalt und Ehre*, 16.

terscheidung zwischen „Tradition" und „Moderne" erst hervorbringt, einen kleinen Teil der Welt mit dem Attribut „modern" und den Rest der Welt als „traditionell" bezeichnet, behauptet eine Überlegenheit der „Moderne" über die „Tradition" und rechtfertigt damit postkoloniale Herrschaftsverhältnisse. „Traditionelle Gesellschaften" werden mit einer negativ besetzten Vorstellung „traditioneller Ehre" identifiziert. Das „moderne Selbst" grenzt sich vom imaginierten „traditionellen Selbst" ab, indem bestimmte Aspekte von Ehre aus der eigenen Identität ausgeschlossen und mit den „Anderen" identifiziert werden. Diese sei heute nur noch in „traditionellen Gesellschaften", sowie als Einwander_innen aus diesen inmitten „moderner" Gesellschaften als „Fremder" anzutreffen.[118]

Ich möchte im Folgenden zeigen, welche Rolle der Begriff der Ehre im hegemonialen Modernisierungsdiskurs spielt und sowohl die Mechanismen offenlegen, die den Diskurs stabilisieren, als auch diejenigen, die ihn angreifen. Auf dieser Grundlage möchte ich argumentieren, dass nicht nur die soziale Praxis des Ehrens und Entehrens, sondern auch die diskursiven Praxen um den Begriff der Ehre einen Statuskampf beinhalten, der dazu führt, dass die Identifizierung mit „traditioneller Ehre" zu sozialer Stigmatisierung führt, während die Identifikation mit „moderner" Ehre das Individuum aufwertet.

5.1 Der Modernisierungsdiskurs

Ich argumentiere, dass Ehre Teil eines hegemonialen Diskurses um den Begriff der Modernisierung ist, der die Welt durch die Brille der Unterscheidung „Tradition"/„Moderne" sieht. Wenn hier von Diskurs die Rede ist, so im Begriffsverständnis Foucaults, der gezeigt hat, welcher Zusammenhang zwischen Macht und Diskurs besteht.[119] Diskurse strukturieren Foucault zufolge was sag- und denkbar ist, indem sie bestimmte Werte und „Wahrheiten" etablieren, also „eine Gesamtheit von geregelten Verfahren für die Produktion, das Gesetz, die Verteilung, das Zirkulierenlassen und das Funktionieren von Aussagen"[120]. Diskurse bestimmen damit die aktuellen Regeln, nach welchen gültige Aussagen gemacht werden können.[121] Diskurse sind lebendig und werden durch „Ereignisse" oder Brüche destabilisiert. Gesellschaften versuchen deshalb im Interesse der sozialen Stabilität, die Produktion des Diskurses zu kontrollieren und das „unberechenbar Ereignishafte (des Diskurses) ... zu

---

118 Für Georg Simmel ist der Fremde der „innere Fremde", der Teil der Gesellschaft ist ohne zu ihr zu gehören. Simmel, *Gesamtausgabe. 11. Soziologie*, 764f.

119 In einigen Aussagen Foucaults (wie z.B. „Der Diskurs ... ist die Macht, deren man sich zu bemächtigen sucht.") scheint Macht und Diskurs sogar identisch zu sein. Foucault, *Diskurs und Wahrheit*, 19.

120 Foucault, *Dispositive der Macht*, 212.

121 Ruoff, *Foucault-Lexikon*, 100.

bannen"[122]. Sie tun dies durch „Ausschließungssysteme", welche bestimmte Gegenstände (wie z.B. die „abnormale" Sexualität) erst hervorbringen und mit Verboten belegen, sowie durch „Verknappungssysteme", welche das Sagbare kanalisieren, indem sie Disziplinen und Darstellungsformen hervorbringen, die bestimmen, auf welche Art und Weise gültige Aussagen gemacht werden dürfen.[123]

„Der Diskurs ist eine Reihe von Elementen, die innerhalb eines allgemeinen Machtmechanismus operieren."[124] Die Macht ist für Foucault nicht an eine sie ausübende Person oder Institution gebunden, sondern „erscheint vielmehr als ein Spiel von Kräften, die ein Gebiet in einer Gesellschaft besetzen und dort Systeme entstehen lassen … denen auch die vermeintlich Herrschenden unterliegen"[125]. Die Macht sorgt durch Diskurse aber auch andere gesellschaftliche „Dispositive"[126], dafür, das „gehorsame Subjekt"[127] hervorzubringen. Das Subjekt wird dabei von der Macht vereinnahmt, indem es erst zum Subjekt wird, wenn es sich den Anforderungen den gültigen Verfahren für die Produktion von Aussagen unterwirft. So dient der Wahnsinnige „als Gegensatz des vernünftigen Subjekts zu dessen Selbstversicherung"[128].

Einer der einflussreichsten Theoretiker, die sich mit dem Diskurs um die Modernisierung beschäftigt haben, ist Edward Said. Er hat gezeigt, wie eine im kolonialen Europa entstandene Perspektive auf die außereuropäische Welt, die er als Orientalismus bezeichnet, das Denken und Sprechen vieler Europäer_innen tiefgreifend geprägt hat, sodass sie Einfluss auf alle Ebenen der kulturellen Produktion von der Alltagskommunikation über Reiseberichte bis hin zu wissenschaftlichen Arbeiten erhalten hat, den sie auch heute noch ausübt. Diese Perspektive hat eine Unterscheidung zwischen dem Orient und dem Okzident hervorgebracht, die in der Folge herangezogen wurde, um Gesellschaften, Individuen, kulturelle Praktiken, ethische Überzeugungen, Geschlechternormen etc. dichotom zu unterscheiden und das als „westlich" Identifizierte gegenüber dem „orientalischen" höher zu bewerten.[129]

---

122 Foucault, *Die Ordnung der Dinge*, 7.
123 Ruoff, *Foucault-Lexikon*, 38f.
124 Foucault, „Schriften", 595.
125 Ruoff, *Foucault-Lexikon*, 17.
126 Das ist für Foucualt die „heterogene Gesamtheit, bestehend aus Diskursen, Institutionen , architektonischen Einrichtungen, reglementierenden Entscheidungen, Gesetzen, administrativen Maßnahmen, wissenschaftlichen Aussagen, philosophischen, moralischen und philanthropischen Lehrsätzen, kurz Gesagtes ebenso wie Ungesagtes" Foucault, „Schriften", 392.
127 Foucault, *Überwachen und Strafen*, 166.
128 Ruoff, *Foucault-Lexikon*, 21. Vgl. Foucault, *Wahnsinn und Gesellschaft*.
129 Edward W. Said, *Orientalism*.

Said bezeichnet den Orientalismus als Diskurs im Foucaultschen Sinne.[130] Die Tatsache, dass „selbst die Autoren einer Epoche mit der größten Vorstellungskraft, wie z.B. Flaubert, Nerval oder Scott, darin eingeschränkt waren, was sie im Orient erleben oder über ihn sagen konnten"[131], veranlasst ihn zu der Annahme, dass sie Teil eines im Machtungleichgewicht zwischen Europa und dem Orient fußenden Diskurses waren, den er als Orientalismus bezeichnet. Auch diese Autoren beriefen sich auf ein „Reservoir an beglaubigtem Wissen"[132] über den Orient, seine Bewohner_innen, ihre kulturellen Konventionen etc., welche nicht bezweifelt wurden und als Erklärungsmuster für den als fremd erfahrenen Orient dienten.

Der Diskurs des Orientalismus werde Said zufolge durch ungleiche Machtverhältnisse aufrechterhalten. „Das Verhältnis zwischen Okzident und Orient ist eines der Macht, der Dominanz und variierenden Graden einer komplexen Hegemonie"[133]. Das Wissen über den Orient, welches schon in einer Situation der Machtungleichheit produziert wurde, diente im Kolonialismus als Rechtfertigung der Herrschaft. Die kolonialen Expansionen und die zunehmende militärische und administrative Erschließung des größeren Teils der Welt durch europäische Mächte verstärkte die Macht des orientalistischen Diskurses.[134] Die Macht über das Wissen wird durch einen dominanten Rahmen von Dispositiven aufrechterhalten, durch Schulen, Gefängnisse, Handelsgesellschaften etc.[135] Sie sorgen dafür, dass die Produktion des Diskurses begrenzt ist und zwar durch eine Kombination aus Ausschließungs- und Verknappungssystem.

Der Orientalismus beruht auf einer Ausschließung eines Teils der Menschheit aus der durch den Ausschluss erst konstituierten „Moderne". Das „Wissen über den Orient, weil es aus einer Position der Stärke heraus entwickelt wurde, erschuf in gewisser Weise den Orient, den Orientalen und seine Welt"[136]. Es brachte eine Vorstellung des „Orientalen" als irrational, unmoralisch, kindisch und anders hervor, in dessen Licht der Europäer als rational, tugendhaft, erwachsen und normal erscheinen musste. Katherine P. Ewing, die sich mit dem stigmatisierenden Diskurs um den Begriff der Ehre beschäftigt hat, hat für die Erklärung der Formierung des „modernen" gegenüber dem „traditionellen Selbst" den Begriff der *abjection,* zu deutsch Unterwerfung, in Anspruch genommen.[137] Sie teilt die Auffassung Foucaults, dass hegemoniale Diskurse nur bestimmte Subjektformationen zulassen

---

130 Ebd., 3.
131 Ebd., 43.
132 Ebd., 39.
133 Ebd., 5.
134 Ebd., 39.
135 Ebd., 51.
136 Ebd., 40.
137 Den Begriff *abjection* übernimmt sie von Kristeva, *Powers of Horror: An Essay on Abjection.*

und andere ausschließen. Der Diskurs betreibt eine Polarisierung zwischen dem idealisierten, vom Diskurs gebilligten und dem unterworfenen Selbst, den „unbewohnbaren Subjektpositionen". Damit Individuen als Subjekte anerkannt werden, müssen sie sich der normativen Subjektivität unterwerfen. Dies ist aber nur möglich, indem sie die Teile ihres Selbst, die nicht der Norm entsprechen, unterdrücken (*to abject*). Nicht allen steht jedoch die Möglichkeit der Unterwerfung offen. Bestimmte Individuen, wie einige ethnische oder religiöse Minderheiten, sind *per se* aus dem Kreis derer, denen die Einnahme gebilligter Subjektpositionen offensteht, ausgeschlossen. Sie werden als idealisierte Fremde (bzw. Unterworfene, *abjected*) dem Subjekt als absoluter Gegensatz entgegengesetzt. Auf das unterworfene Selbst richte sich die Abscheu und das Begehren. Einerseits stellen alternative Identitäten das Eigene in Frage. In Bezug auf Ehre argumentiert Ewing, dass Geschlechterrollen und Vorstellungen sozialer Hierarchie wesentliche Bestandteile von Identität sind. Werden diese durch die Erfahrung abweichender soziale Praxen in Frage gestellt, erzeugt dies Abscheu. Andererseits richtet sich das Begehren des Subjekts auf diejenigen, die das tun, was es sich selbst untersagt hat. Dieses Begehren sei eine Quelle vielfältiger Phantasien, die sich um die „Anderen" drehen.[138] Dieser Andere des „modernen" Selbst ist die/der „Orientale", „Traditionelle", „Fremde", „Südländer_in", „Migrant_in" etc. Die darin enthaltene Dichotomie zwischen „Tradition" und „Moderne" werde nicht nur durch den öffentlichen Diskurs, sondern auch durch die Wissenschaften reproduziert. Wahrgenommene Unterschiede werden in der medialen und wissenschaftlichen Darstellung oft auf die Gegensätze „Autonomie vs. Heteronomie, Unabhängigkeit vs. Interdependenz, Individuum vs. Gruppe und Gleichheit vs. Hierarchie" reduziert. Im Ergebnis wird das „moderne" Selbst ebenso wie sein Gegenstück diskursiv hervorgebracht, dichotom unterschieden und universalisiert.[139] Der orientalistische Diskurs bringt disziplinierte Subjekte hervor, deren Selbstbild als rational, tugendhaft und normal auf der Ausschließung des anderen, orientalischen Selbst beruht. Das Subjekt, welches sein Selbst aus diesem Diskurs speist, wird jedoch von ihm als (Re-)Produzent des orientalistischen Diskurses vereinnahmt.

Als Verknappungssystem kann die wissenschaftliche Disziplin des Orientalismus, welche die äußerst heterogene Regionen der Welt zusammengefasst unter dem Gesichtspunkt ihrer Unterscheidung und Minderwertigkeit gegenüber dem Westen betrachtete, als „Begrenzung des Denkens" verstanden werden, die nur eine bestimmte Art von Aussagen über den Orient möglich machte. Diese Tradition des Denkens über den Orient beeinflusste auch die literarische Produktion insbesondere

---

138 Ewing, *Stolen honor*, 9ff.
139 Ebd., 94.

von Reiseberichten[140], indem sie die Autoren mit „einem Vokabular, Vorstellungen, einer Rhetorik und Zahlen" ausstattete.[141]

Sehr deutlich lässt sich die orientalistische Wissensproduktion am Beispiel der Anthropologie zeigen, die Michael Herzfeld zufolge als „Nebenprodukt kolonialer Herrschaft" „Ausdruck der kulturellen Identität derjenigen global dominanten Gesellschaften, welche ... (die Anthropologie) erfunden hat", sei. Er stellt damit den Anspruch der Anthropologie in Frage, objektives Wissen über die untersuchten Gesellschaften hervorzubringen und macht die anthropologische Wissensproduktion selbst zum anthropologischen Untersuchungsgegenstand.[142] Auch die Anthropologin Ewing teilt die Auffassung, dass die anthropologische Forschung nicht „objektiv" sei, sondern eine „spezifische Form sozialer Interaktion, die ein Wissen für ein bestimmtes Publikum produziert", sei. Indem sie sich explizit auf „vormoderne" Gesellschaften bezieht, reproduziere sie die klar abgegrenzte Unterscheidung zwischen „Moderne" und „Tradition". Durch den Fokus auf das Dorf als Untersuchungsgegenstand werde die Illusion erweckt, dass außereuropäische Kulturen eine archaische, universale Essenz aufweisen, die im Laufe der Modernisierung in Europa verloren gegangen sei. Dabei werde vernachlässigt, dass auch Dorfbewohner_innen „verschiedene Quellen von Bedeutung und eine Reihe interpretativer Strategien in ihren alltäglichen Aushandlungen und Aktivitäten" anwenden. Die Mehrebenen-Beziehungen, in denen auch Dörfer mit ihrem regionalen, staatlichen und globalen Umfeld stehen, werden entweder ignoriert oder als ein Verlust der eigenen Kultur und Traditionen interpretiert.[143] Sie tragen damit zu einer sozial-darwinistischen (*survivalist*) Unterscheidung von Gesellschaften bei, welche die europäischen Gesellschaften als Kumulation eines Prozesses sieht, in dem die „Moderne" über die „Tradition" siegt.[144] Solange sich Anthropologie ausschließlich auf „nicht-moderne" Gesellschaften als Untersuchungsgegenstand bezog, war sie in ihrer Wissensproduktion notwendig von der Unterscheidung in „Tradition" und „Moderne" begrenzt. Gemeinsamkeiten zwischen „modernen" und „traditionellen Gesellschaften" wurden dadurch übersehen und Unterschiede hervorgehoben. Damit (re-)produzierte sie die Grenze zwischen „Tradition" und „Moderne", die wenn auch in der Wissenschaft inzwischen weitgehend als überholt angesehen[145], die Erfahrung, das Denken und Sprechen vieler Europäer_innen weiter prägt.

---

140 Auch zeitgenössische Reisebrichte sind vom orientalischen Diskurs geprägt, wie die folgende Studie zeigt: Fernweh - Forum Tourismus & Kritik, *Im Handgepäck Rassismus Beiträge zu Tourismus und Kultur*.
141 Edward W. Said, *Orientalism*, 41f.
142 Herzfeld, *Anthropology through the Looking-glass*, 6.
143 Ewing, *Stolen honor.*
144 Herzfeld, *Anthropology through the Looking-glass.*
145 Die zeitgenössische kritische Anthropologie ist damit beschäftigt, das in Jahrhunderten anthropologischer Forschung entstandene Wissen kritisch auf seine Entstehungsbedingungen hin zu untersuchen und sie damit selbst zum Objekt der Forschung zu machen. Vgl. Ewing, *Stolen honor*; Herzfeld, *Anthropology through the Looking-glass*; Sherry B. Ortner, *Anthropology and Social Theory.*.

Der Modernisierungsdiskurs kann zusammengefasst wie folgt beschrieben werden. Er ist ein aus dem Machtungleichgewicht zwischen Europa und dem Rest der Welt entstandenes Dispositiv, welches die Unterscheidung zwischen „modernen" und „traditionellen" Gesellschaften hervorbringt und besteht in einem System von Regeln und Normen, die festlegen wie „traditionelle" Gesellschaften und Menschen, die ihnen entstammen, wahrzunehmen sind und was über sie sag- und denkbar ist. Er bringt eine Unterscheidung zwischen dem „modernen Selbst", welches mit Attributen wie Autonomie und Rationalität identifiziert wird, und seinem „traditionellen" fremdbestimmten, irrationalen Gegenstück hervor. Diese Differenzierung dient nicht nur der alltagssprachlichen und medialen, sondern auch der wissenschaftlichen Produktion als Grundlage. Das Subjekt wird in die Produktion des Diskurses miteinbezogen, indem es bestimmte Aspekte seines Selbst unterdrückt, diese Aspekte in als „traditionell" markierten Individuen wiederentdeckt und ihnen mit Abscheu und Begehren gegenübertritt. Damit prägt der Modernisierungsdiskurs nicht nur die Wahrnehmung, das Denken, Sprechen und Handeln von Individuen, sondern auch ihre Identität. Im Folgenden möchte ich zeigen, welche Rolle Ehre im Modernisierungsdiskurs spielt.

5.2 Ehre im Modernisierungsdiskurs

Im Modernisierungsdiskurs findet eine Trennung zwischen der „traditionellen Ehre" einerseits und den Normen, welche die Statusverteilung in „modernen Gesellschaften" strukturieren andererseits, die manchmal als „moderne" Ehre bezeichnet werden[146], statt. Die „traditionelle Ehre" wird dabei mit dem Streben nach Reputation, unmoralischem, an sozialen Konventionen orientierten Verhalten und einer Eigenschaft von Kollektiven, die durch normwidriges Verhalten verloren geht, gleichgesetzt. „Moderne" Ehre hingegen wird als Streben nach Selbstwert, moralisches Verhalten und eine individuelle Eigenschaft, welche durch besondere Taten erworben wird, verstanden. Der Diskurs bewirkt, dass über Ehre nur auf eine bestimmte Art und Weise gedacht und gesprochen werden kann. In Bezug auf Menschen aus „traditionellen Gesellschaften" enthält die Bezugnahme auf den Begriff der Ehre fast notwendig eine negative Wertung und weckt Assoziationen von Rückständigkeit und Gewalt. Wenn hingegen von der Ehrpraxis von Personen aus „modernen Gesellschaften" die Rede ist, kommen eher Gedanken an ausgezeichnetes Verhalten in den Sinn, etwa das Ehrenamt oder öffentliche Ehrungen. Während der soziale Status, der mit im „modernen" Sinne ehrenhaftem Verhalten verbunden ist, auf die besondere Güte des Verhaltens zurückgeführt wird, wird derjenige, der „traditionellen" Ehrvorstellungen entspringt, eher auf die individuelle Unterordnung unter un-

---

146 Cunningham, *Modern Honor*.

moralische (z.B. patriarchale) Gruppennormen zurückgeführt. Beiden Formen des Statuserwerbs liegt die gleiche Logik zugrunde, dass Status durch (unterschiedlich definiertes) exzellentes Verhalten erworben wird. Dennoch wird das eine Verhalten dem anderen gegenüber als überlegen angesehen. Ich möchte argumentieren, dass die Normen, nach denen in „modernen" Gesellschaften Status erworben wird, idealisiert und als universaler Maßstab wahrgenommen werden, an dem „alle anderen Lebensformen gemessen werden müssen"[147]. Diese normative Annahme prägt unterschiedliche Wahrnehmungs-, Denk- und Sprechgewohnheiten über Ehre in „modernen" und „traditionellen" Kontexten.

Das Subjekt wird in die (Re-)Produktion der Unterscheidung miteinbezogen. Die Vorstellungen „traditioneller Ehre" werden zum Gegenstand der Ausschließung, indem sie mit aus der eigenen Identität des „modernen Selbst" ausgeschlossenen Aspekten (z.B. einer hierarchischen sozialen Ordnung und Geschlechterungleichheit) assoziiert werden. Diese sind in der Lage, die Furcht und das Begehren von Individuen zu wecken, welche die aus diesen Vorstellungen resultierenden Praxen als Bedrohung der sozialen Ordnung und ihrem Platz darin wahrnehmen.[148] Es entsteht eine archaische Vorstellung von Ehre, die dem Ideal des „modernen" Individuums als Gegensatz dient. Ehre gebiete demnach die Unterordnung des Individuums unter die Gruppe, sei Eigentum der Familie und nicht des Individuums und beruhe auf der hierarchischen Kontrolle von Frauen durch Männer und Jüngeren durch Ältere[149]. Der Modernisierungsdiskurs (re-)produziert die Unterscheidung in „Tradition" und „Moderne", indem der Begriff der Ehre fast nur im Zusammenhang mit der Sexualität der Frauen in Verbindung gebracht[150] und somit die Anschlussfähigkeit „traditioneller" Vorstellungen von Ehre an „moderne" Normen des Statuserwerbs reduziert wird. Die Abwertung, die mit dieser Vorstellung von Ehre verbunden ist, führt zu einer differenzierten Stigmatisierung von Frauen und Männern. Während Frauen als Opfer dargestellt werden, ist der „traditionelle Mann" der prototypische Täter, „der Mann, der seine Frau unterdrückt, der Bruder der seine Schwester umbringen könnte, der Antisemit". Im Licht des Stereotyps „traditioneller Ehre" erscheint das „moderne Selbst" als „autonomes, unabhängiges Individuum, welches andere als gleiche behandelt"[151]. Ehre hat in diesem Selbstbild nur noch einen stark begrenzten und fest zugewiesenen Platz als an der individuellen Leistung orientierte Auszeichnung (Ehrenpreis), sowie als Ausdruck der moralischen In-

---

147 Ewing, *Stolen honor*, 28.
148 Ebd., 11.
149 Ebd., 28.
150 Welchman und Hossain, „Introduction", 5.
151 Ewing, *Stolen honor*, 94.

tegrität einer Person (Ehrenwort).[152] Die Bezugnahme auf z.B. die (kollektive) Familienehre oder die (allgemeine) sexuelle Ehre ist nur möglich, wenn von denjenigen die Rede ist, die aus der „Moderne" ausgeschlossen werden. Dennoch lassen sich auch in „modernen Gesellschaften" alle Dimensionen der Ehre ausmachen. Der Diskurs sorgt jedoch dafür, dass diese nicht mit dem Begriff Ehre bezeichnet werden. Kollektive Identitäten sind in allen Gesellschaften wichtig, aber hier spricht man eher von familiärem Zusammenhalt als von Familienehre. Sexualverhalten und sexuelle Identität sind auch in „modernen Gesellschaften" von kollektiven Normen bedingt, deren Verletzung oft Stigmatisierung und Gewalt mit sich bringt, aber statt von Ehrenmord ist in der deutschen Mehrheitsgesellschaft von sexualisierter Gewalt, statt von verlorener Ehre von verlorener Achtung die Rede. Von negativen, „archaischen" Konnotation gesäubert dient der Begriff Ehre der klaren Abgrenzung von „Tradition" und „Moderne" durch ein vorgeblich verschiedenes Ehrverständnis.

Nicht nur die Alltagskommunikation, sondern auch die Wissenschaften und die Medien unterliegen der durch den Modernisierungsdiskurs bedingten Verknappung des Sagbaren über die Ehre. Wissenschaftliche Disziplinen wie z.B. die Anthropologie, die sich explizit auf die Unterscheidung „Tradition"/„Moderne" beruft, bringen Wissen hervor, welches die Unterscheidung zwischen „Tradition" und „Moderne" (re-)produziert. Sie verknappen bzw. beschränken den Bereich der machbaren Aussagen über die Ehre. Die Anthropologie hat unter dem Schlagwort Ehre/Schande-Komplex im Mittelmeerraum ein Stereotyp archaischer Ehre hervorgebracht, welches sie auf die soziale Ungleichheit zwischen Männern und Frauen reduziert.[153] Es wurde kritisiert, dass diese Vereinfachung die komplexe Realität der Ehre auch in sogenannten „traditionellen Gesellschaften" nicht adäquat abbilden[154], damit aber vorhandene Dominanzbeziehungen stabilisieren, indem sie die Ungleichheit zum Wesensmerkmal dieser Gesellschaft erklären.[155] Auch die Sozialwissenschaften, die sich vermehrt mit der Problematik von Ehrenmorden auseinandersetzen, sind durch den Diskurs beschränkt, indem sie Ehre oft mit Gewalt gleichsetzen.[156] So führt z.B. Sayime Erben Ehrenmorde auf die „mitgebrachten und traditionellen Wert- und Ehrvorstellungen"[157] von Einwander_innen zurück. Wie kann aber die Aussage gerechtfertigt werden, dass Ehrvorstellungen zu Gewalt führen, wenn nur Interviews mit Männern geführt werden, die Gewalt ausgeübt haben und nicht mit solchen, die dies nicht getan haben? Auch im medialen Diskurs wird der Begriff Ehre vor allem in Bezug auf

---

152 Zingerle, „Die Systemehre. Stellung und Funktion von Ehre in der NS-Ideologie", 97.
153 Ewing, *Stolen honor*, 21.
154 Ebd., 31.
155 Lindisfarne, „Variant masculinities, variant virginities", 94.
156 Mojab und Abdo, *Violence in the Name of Honour*; Wilms, *Ehre, Männlichkeit und Kriminalität*.
157 Erben, *Gewalt und Ehre*.

den Ehrenmord verwendet. Ehre wird dabei auf eine Norm reduziert, welche die Unterordnung der Frau unter den Mann fordert, deren Übertretung Gewalt gegen Frauen legitimiere. Dass viele, die sich mit dem Wert der Ehre identifizieren, Gewalt gegen Frauen als unehrenhaft betrachten, bleibt im herrschenden Diskurs ungehört. Wissenschaftliche und mediale Diskurse berufen sich oft unkritisch auf das etablierte Wissen über die „traditionelle Ehre", reproduzieren damit aber den Diskurs, der die Unterscheidung zwischen „traditioneller" und „moderner Ehre" hervorbringt, erhält und intensiviert. Ähnliches gilt für staatliches Handeln, welches nach Foucault nicht mehr als souverän bezeichnet werden kann, sondern auch ein Gegenstand der Macht des Diskurses ist.[158]

Zu zeigen, wie die Stereotype „moderner" und „traditioneller" Ehre im Einzelnen diskursiv hervorgebracht werden, ist Aufgabe einer Diskursanalyse, die hier nicht vorgelegt werden kann. Dennoch habe ich hier einen Erklärungsansatz der Stereotypisierung von Ehre als Produkt des Modernisierungsdiskurses vorgelegt. In einer Auseinandersetzung mit dem Begriff Ehre sollte meiner Meinung nach die Thematisierung des Stigmas, welches mit ihm einhergeht, nicht vernachlässigt werden. Sie macht deutlich, dass Ehre ein umkämpfter Begriff ist, mit dem Auseinandersetzungen um Status und Selbstwert ausgetragen werden.

---

158 Es wäre interessant zu untersuchen, inwiefern auch die Schule als staatliche Institution den Modernisierungsdiskurs (re-)produziert. Es gelte die Hypothesen zu überprüfen, ob Ehre im Unterricht eher negativ bewertet, mit Gewalt in Verbindung gebracht und als mit liberalen Werten unvereinbar dargestellt wird.

6. EHRE UNTERRICHTEN

Ich möchte im praktischen Kapitel dieser Arbeit einen Vorschlag machen, wie die Ideen und Erkenntnisse dieser Arbeit in eine Sequenz zum Thema Ehre im Ethikunterricht eingehen können. Der Sequenz möchte ich einige Überlegungen dazu, welche Ziele ein Unterricht zum Thema Ehre haben sollte, voranstellen.

Bislang wurde argumentiert, dass Ehre (a) ein vielfältiges soziales Phänomen ist, das (b) alle Menschen als universaler Modus des Erwerbs von Ansehen und Selbstwertgefühl betrifft und (c) je nach sozialem Kontext auf einer unterschiedlichen Vorstellung ehrenhaften Verhaltens beruht. Darüber hinaus habe ich versucht zu zeigen, dass Ehre (d) oft auf die Stereotypen „traditioneller" und „moderner Ehre" reduziert wird, dass diese (e) die vielfältige Realität der sozialen Praxen der Ehre nicht angemessen abbilden und dass (f) die Trennung zwischen beiden durch den stigmatisierenden Modernisierungsdiskurs hervorgebracht wird.

Die Befragung der Schüler_innen hat gezeigt, dass die Schüler_innen (a) viele Facetten des Begriffs Ehre kennen, dass (b) die meisten dem Begriff Ehre in ihrem persönlichen Erfahrungshorizont eine Bedeutung beimessen und sie (c) in ihrer Unterschiedlichkeit in Bezug auf verschiedene soziale Kontexte erkennen. Dabei ist jedoch vor allem (d) die Unterscheidung zwischen mehrheitsgesellschaftlicher und „traditioneller Ehre" zentral. Es wurde (e) kein Bewusstsein für die Stigmatisierung, die mit dem Begriff Ehre einhergeht, offenbar. Die meisten Schüler_innen können also mit dem Begriff Ehre etwas anfangen, ihr Begriffsverständnis ist jedoch unterschiedlich und es bestehen abgrenzende Tendenzen gegenüber der Ehrvorstellung, die dem muslimischen Kontext zugeschrieben wird.

Ziel des Unterrichts sollte es deshalb sein, die persönlichen Erfahrungen der Schüler_innen mit und ihre Ansichten über den Begriff der Ehre zu systematisieren, die Vielfalt zu ordnen und dabei eine Unterscheidung von universalen und partikularen Elementen von Ehre herauszuarbeiten. Was die Abgrenzung von islamischen und mehrheitsgesellschaftlichen Ehrvorstellungen betrifft, sollte ein Bewusstsein dafür vermittelt werden, dass auch hier Gemeinsamkeiten bestehen und dass nicht nur unterschiedliche kulturelle Kontexte verschiedene Ehrvorstellungen hervorbringen, sondern dass partikulare Vorstellungen von Ehre relativ zu verschiedenen sozialen Kontexten bestehen. Schließlich sollte der Aspekt der Stigmatisierung, die mit dem Begriff Ehre einhergeht, thematisiert werden und Handlungsmöglichkeiten erprobt werden, wie dieser begegnet werden kann.

6.1 Sequenzplanung

Stundenthema	Unterrichtsinhalt	Angestrebte Erkenntnisse der Schüler_innen
1. Ehrbegriffe (Doppelstd.)	1.1 Einstieg: Medienbeitrag Ehrenmord & Bundesverdienstkreuz Impulsfrage: Was denkt ihr über Ehre? Assoziationen sammeln.	Es gibt unterschiedliche Praxen der Ehre mit unterschiedlicher Bewertung.
	1.2. Gruppenarbeit. Filmausschnitte (z.B. „Die Fremde", „Effi Briest") ansehen und auf den Begriff von Ehre analysieren.	Ehre spielt in unterschiedlichen sozialen Kontexten eine Rolle.
	1.3. Gruppenpräsentation, Filmausschnitte vorführen und Analyse vorstellen, Diskussion.	In unterschiedlichen sozialen Kontexten bestehen unterschiedliche Begriffe von Ehre.
	1.4. Einzelarbeit: Welche Gemeinsamkeiten, welche Unterschiede haben die Ehrbegriffe?	Trotz der Unterschiede bestehen auch Gemeinsamkeiten zwischen den unterschiedlichen Begriffen von Ehre.
2. Was ist Ehre für mich (Doppelstd.)	2.1. Einstieg: Unterschiede und Gemeinsamkeiten im Plenum zusammentragen.	
	2.2. Einzelarbeit: Geschichte, Bild, Comic, Szene (real/fiktiv), in der ehrenhaftes Verhalten eine Rolle spielt, erstellen.	Ehre spielt in meinem Erfahrungshorizont eine Rolle.
	2.3. Einzelarbeit: Von eine_m/r Mitschüler_in kommentieren lassen: Handelt es sich um ehrenhaftes Verhalten?	Was wir unter Ehre verstehen, beeinflusst, wie wir das Verhalten von anderen bewerten.
	2.4. Partnerarbeit: Austausch über unterschiedliche Auffassungen von ehrenhaften Verhalten.	Wir können uns besser verstehen, wenn wir über unsere unterschiedlichen Auffassungen von Ehre reden.
	2.5. Hausaufgabe: Umfrage auf der Straße / an der Schule / in der Familie zum Thema: „Was verstehst du unter Ehre?"	
3. Begriffe der Ehre (Doppelstd.)	3.1. Einstieg: Umfrageergebnisse zusammentragen. 3.2. Schüler- / Lehrer-Vortrag: Die Etymologie der Ehre.	Auch in der Sprache zeigt sich, wie unterschiedlich wir über Ehre denken, aber auch welche Gemeinsamkeiten es gibt.
	3.3. Plenum: Synonyme, andere Sprachen, an der Tafel ordnen.	In unterschiedliche sprachlichen / kulturellen / sozialen Kontexten gibt es ähnliche Begriffe, die Ehre bezeichnen.
	3.4. Einzel-/Partnerarbeit: Auf Filmbeispiel oder eigene Schülergeschichten anwenden.	Wir können unsere Alltagserfahrungen in unterschiedlichen Begriffen im Umfeld von Ehre ausdrücken.

Stundenthema	Unterrichtsinhalt	Angestrebte Erkenntnisse der Schüler_innen
4. Stereotypisierte Ehre (Doppelstd.)	4.1. Marktplatz: Schüler_innen analysieren Bilder auf den Ehrbegriff hin und bewerten diesen (positiv/negativ).	Wir assoziieren unterschiedliche soziale Kontexte mit unterschiedlichen Ehrverständnissen, die wir verschieden bewerten.
	4.2. Plenum: Bilder a.d. Tafel nach positiven und negativen Stereotyp ordnen.	Es gibt ein positives und ein negatives Stereotyp von Ehre.
	4.3. Einzelarbeit: Erlebte Situation einmal mit dem positiven, einmal mit dem negativen Stereotyp erklären.	Ein stereotyper Begriff von Ehre wird der komplexen Realität nicht gerecht.
	4.4. Plenum: Auswertung. „Helfen uns die Stereotype, die Welt zu verstehen?"	Die Realität könnte ganz anders sein, als wir aufgrund unserer Stereotype vermuten.
	4.5. Plenum: Bilder reevaluieren. „Welche unterschiedlichen Praxen der Ehre könnten hinter der Abbildung stecken?"	
5. Stigma Ehre (2 Doppelstd.)	5.1. Einstieg: Zitate stigmatisierte Ehre, Impuls: „Was denkt ihr, warum Ehre in der Öffentlichkeit negativ dargestellt wird, obwohl sie uns doch alle betrifft?"	Ehre wird im öffentlichen Diskurs oft negativ dargestellt.
	5.2. Schüler- / Lehrer-Vortrag: Stigmatisierung.	Durch Stigmatisierung werden bestimmte Bevölkerungsgruppen gegenüber anderen abgewertet.
	5.3. Gruppenarbeit: Medienbeiträge Ehrenmord, Analyse: stigmatisierende Elemente.	Im Diskurs um den Ehrenmord werden Einwander_innen aus muslimischen Ländern stigmatisiert.
	5.4. Aufgabe: Alternative nicht stigmatisierende Reportage über Ehrenmord.	Es gibt Möglichkeiten, über menschenverachtende Praxen zu berichten, ohne stigmatisierende Diskurse zu reproduzieren.
5. Abschluss der Sequenz	6.1 Leistungsfeststellung 6.2 Evaluation	

6.2 Ehre – Gemeinsames und Trennendes

Ein Schwerpunkt der Sequenz liegt auf der Reflexion vom Gemeinsamen und Trennenden in Bezug auf die Ehre. Die Vielfalt der Bedeutungen, die der Begriff Ehre in unterschiedlichen sozialen Kontexten erhält, könnte bei den Schüler_innen den Eindruck hinterlassen, dass jede_r ihren/seinen eigenen Begriff von Ehre habe. Wie ich in dieser Arbeit gezeigt habe, weisen sehr unterschiedliche Praxen der Ehre doch viele Gemeinsamkeiten auf. Das Ziel der Thematisierung von Ehre im Ethikunterricht sollte es deshalb sein, für das Gemeinsame der Ehre zu sensibilisieren, ohne den Blick auf die Unterschiede zu verstellen.

In der Auseinandersetzung mit unterschiedlichen Filmbeispielen (1.2) erfahren die Schüler_innen, dass Ehre in verschiedenen sozialen und historischen Kontexten Bedeutung hat. Bei den Filmen wurden bewusst unterschiedliche Beispiele gewählt, um deutlich zu machen, dass auch sehr unterschiedliche Praxen von Ehre Gemeinsamkeiten aufweisen. In „Die Fremde" geht es um einen Ehrenmord im heutigen Deutschland, bei Effi Briest um ein historisches Beispiel von Gewalt im Namen der Ehre. Auch wenn die Unterschiede dessen, wie Ehre jeweils verstanden wird, auf der Hand liegen, werden die Schüler_innen nach einiger Überlegung auch Gemeinsamkeiten erkennen. In beiden Beispielen ist Ehre an bestimmte Normen ehrenhaften Verhaltens gebunden (bei „Die Fremde" und „Effi Briest" Sexualnormen und Annahmen darüber, wie die Ehre wieder hergestellt werden kann). In beiden Beispielen ist der Selbstwert der Akteure an ihre Fähigkeit, diesen Normen zu entsprechen gebunden. Die Schüler_innen erfahren durch diese Überlegungen (1.4, 2.1), dass Ehre nicht nur in vielen sozialen Kontexten präsent ist, sondern auch kontextunabhängige Aspekte besitzt.

Um einander besser zu verstehen, genügt es jedoch nicht, die universalen Aspekte von Ehre herauszustellen, denn verschiedene Ehrverständnisse weisen in der Tat große Unterschiede auf. Der Ethikunterricht sollte Schüler_innen eine stärkere Reflektiertheit der eigenen Vorstellung von Ehre und Empathiefähigkeit in Bezug auf die Ehrvorstellungen anderer vermitteln. Anhand der Schilderung eigener erlebter Situationen sollen sich die Schüler_innen mit eine_m/r Mitschüler_in darüber austauschen, was ehrenhaftes Verhalten für sie ist.[159] Sie erkennen dabei, dass sie möglicherweise unterschiedliche Vorstellungen haben und machen einander die eigene Sicht verständlich. Um sich erklären zu können, müssen sie auch ihre eigene Position reflektieren und können sie damit besser verstehen. Da das Gespräch anhand einer realen Situation geführt wird, die ein_e Gesprächspartner_in selbst erlebt hat, erhält die/der andere die Gelegenheit, sich in die Situation der/des anderen hineinzuversetzen. Anhand einer solchen Überlegung können die Schüler_innen erkennen, dass das Urteil über ehrenhaftes Verhalten nicht nur eine Frage der persönlichen Ansichten ist, sondern auch durch den eigenen sozialen Kontext, sowie die eigene soziale Position bedingt ist.

Das Gemeinsame und Trennende der Ehre zeichnet sich auch an unterschiedlichen Begriffen bzw. Begriffsverwendungen von Ehre in unterschiedlichen sozialen Kontexten und in unterschiedlichen Sprachen ab. Ehrlich bedeutet z.B. etwas anderes als ehrenhaft, verehrt wird man nicht nur vom Verehrer, die geehrten Damen und Herren sind nicht immer Ehrenfrauen und -männer. Darüber hin-

---

159 Wenn Schüler_innen ihre eigenen Erlebnisse nicht teilen wollen, können auch die im dritten Kapitel entwickelten Situationsbeschreibungen (Abb. 4.1-4.10) verwendet werden, um an ihnen verschiedene Vorstellungen von ehrenhaften Verhalten zu diskutieren.

aus kann Ehre mit anderen Begriffen paraphrasiert werden, z.B. Stolz, Respekt, (Selbst-)Achtung etc. Auch in anderen Sprachen kann die Übersetzung von Ehre eine andere Bedeutung haben, als im Deutschen. Deshalb bietet sich die Arbeit mit verschiedenen Worten, die Ehre ausdrücken, an, um den verschiedenen Bedeutungen von Ehre auf die Spur zu kommen, aber auch Gemeinsamkeiten der Begriffsverwendung in unterschiedlichen Kontexten herauszustellen.

Ausgehend von einer Umfrage, die Schüler_innen in ihrem Umfeld (Schule, Familie, Freunde, Stadtteil) durchführen werden unterschiedliche Begriffe zusammengetragen, die mit Ehre in Verbindung stehen. Ein genauerer Blick auf den alltäglichen Umgang mit dem Begriff bzw. Wortbestandteil Ehre vermag nicht nur bei Schüler_innen Erstaunen zu erwecken.[160] Die Verwendungsweisen von Ehre im Alltag der Schüler_innen können Ausgangspunkt einer Unterscheidung verschiedener Arten der Ehre sein. Sprachliches Wissen von Schüler_innen mit anderen Muttersprachen als Deutsch können die Diskussion bereichern, weil zwischen den Verwendungsweisen von Ehre in verschiedenen Sprachen Unterschiede und Gemeinsamkeiten bestehen. Anhand der Umfrageergebnisse lässt sich sowohl die Unterschiedlichkeit von Ehrverständnissen in unterschiedlichen sozialen und historischen Kontexten, als auch bestimmte Gemeinsamkeiten der Begriffsverwendung deutlich machen.

Nachdem die Ressourcen des sprachlichen Wissens der Schüler_innen aktiviert wurden, und die Umfrageergebnisse ausgewertet wurden, kann auch ein Blick in die Etymologie von Ehre sinnvoll sein. Auf Grundlage der Reflexion der eigenen Verwendungsweise von Ehre können Schüler_innen die altsprachlichen begrifflichen Unterscheidungen besser verstehen, indem sie sie mit ihrer eigenen Verwendung in Bezug setzen. Wo der Unterschied zwischen dem griechischen *eudoxia* und dem althochdeutschen *era* liegt, kann besser verstanden werden, wenn die Schüler_innen erkannt haben, dass es einen Unterschied macht, ob die eigene Ehre „verkauft", also verloren wurde, so wie *era* verlorengehen kann oder sie durch einen „Ehrenpreis" erhalten wird, wie *eudoxia*. Indem sie altsprachliche und heutige Begriffe in Verbindung setzen, wird ihnen deutlich, dass Ehre in verschiedenen historischen Epochen eine ähnliche Rolle gespielt hat und doch historische Kontingenzen aufweist. Durch die Anwendung verschiedenem Vokabulars auf die Filmbeispiele erwerben die Schüler_innen ein vertieftes Verständnis der Gemeinsamkeiten und Unterschiede, die sich in ihnen widerspiegeln.

---

160 Dagmar Burkhart hat folgende wörtliche Nennungen von Ehre in der deutschen Sprache gefunden: Ehre, Ehrenwort, Ehrgefühl, Ehrbarkeit, Ehrenhaftigkeit, Ehrlichkeit, Ehrung, Ehrerbietung, Ehrenwache, Siegerehrung, Ehrenrunde, Ehrenbürgerschaft, Ehrendoktorwürde, Ehrenamt, Ehrenvorsitz, Ehrenerklärung, Ehrenrettung, ehrendes Andenken, Entehrung, Ehrabschneidung, Ehrverletzung, Ehrverlust, Ehrenrührigkeit, Ehrlosigkeit. Burkhart, *Ehre*, 18.

6.3 Stigma Ehre

Um Stereotypen zum Unterrichtsgegenstand zu machen, ist es wichtig, ein Klima zu schaffen, in dem Schüler_innen ihre Assoziationen frei äußern können und sich nicht aus Angst, etwas politisch nicht Korrektes zu sagen, zurückhalten. Erst wenn Stereotype auch ausgesprochen werden, kann mit und an ihnen gearbeitet werden. Eine gute Methode, um spontane Assoziationen hervorzubringen ist die Arbeit mit Bildern. Entweder kann die Lehrperson selber Bilder mitbringen, die einen Bezug zum Thema Ehre aufweisen oder die Schüler_innen auffordern, dies zu tun. Auf den Bildern können z.b. Ehrenpreisverleihungen, Rangkämpfe unter Schüler_innen, Pressekonferenzen, Duelle, Kriegsszenen, Schwurzeremonien, Ehrenmorde, Szenen häuslicher Gewalt etc. abgebildet sein. Die Schüler_innen sollen dann frei assoziieren, was sie bei dem Bild denken. In einem zweiten Schritt kann dann gefragt werden, was es mit Ehre zu tun hat, welches Ehrverständnis die abgebildete(n) Person(en) wohl haben und wie sie das Verhalten bewerten würden (positiv oder negativ). Stereotype kommen nämlich eher anhand der Auseinandersetzung mit konkreten Personen zum Vorschein, denn unsere Vorurteile und Erwartungen strukturieren unseren Umgang mit anderen Menschen, insbesondere mit solchen die wir nicht kennen. Das Bild eines dunkelhaarigen Mannes und seiner Frau, die ein Kopftuch trägt z.B. könnte die Vorstellung wecken, dass ihr Verhältnis durch Normen der Ehre geprägt ist, dass beide ein patriarchales Verständnis von Ehre haben, welches auf der Unterordnung der Frau beruht, und dass dieses Ehrverständnis negativ zu bewerten ist. Das Bild von Barack Obama am Abend der Inauguration als US-amerikanischer Präsident nebst seiner Frau und seinen Kindern hingegen könnte eher als Ausdruck einer positiv bewerteten Ehre verstanden werden, die in der besonderen Leistung Obamas als erster Schwarzer Präsident sowie seiner ihn unterstützenden Familie besteht. Als Ergebnis der Arbeit an den eigenen Stereotypen erfahren die Schüler_innen, dass das Verständnis von Ehre von Stereotypisierung geprägt ist und dass es ein positiv besetztes Ideal und ein Negativbild von Ehre gibt, welches den Blick auf möglicherweise abweichende Realitäten verstellt.

Die Bewusstwerdung über eigene Stereotype ist die Voraussetzung für ihre Reflexion. Diese kann durch eine Konfrontation der Stereotype mit der komplexen Realität geschehen. Am besten geschieht dies in der Auseinandersetzung der Schüler_innen mit eigenen Erfahrungen, in denen Ehre ein Rolle spielte. Alternativ können die Beispiele aus den Abbildungen im 4. Kapitel als Folie dienen. Die Schüler_innen können z.B. aufgefordert werden, eine eigene Erfahrung einmal mit dem negativen Verständnis von Ehre, einmal mit dem positiven zu erklären. Dabei wird wahrscheinlich deutlich werden, dass keine der Stereotype der Komplexität der Situation gerecht wird.

Um diese Erfahrung dafür nutzbar zu machen, dass Schüler_innen reflektierter mit ihren Mutma-ßungen über die Praxen der Ehre anderer umgehen, sollten zum Ende der Einheit die Bilder, die am Anfang benutzt wurden, um Stereotype aufzudecken, einer Neubewertung unterzogen werden. Die Schüler_innen sollen versuchen, sich vorzustellen, welche unterschiedlichen Praxen der Ehre hinter einem Bild verborgen liegen könnten. Indem mehrere Versionen der Bildinterpretation im Plenum vorgestellt werden, öffnet sich der Horizont der Schüler_innen für die vielen verschiedenen Realitä-ten, in denen sich Ehre äußern kann.

Wenn die Reflexion an der Stelle stehen bleibt, dass unsere Wahrnehmung der Welt durch Stereoty-pe geprägt und damit oft verfälscht ist, wird die wichtige Frage ihrer gesellschaftlichen Funktion vernachlässigt. Stereotype sind nicht nur verallgemeinerte Beschreibungen der Realität, welche die Orientierung in der komplexen Welt erleichtern, sondern auch verallgemeinerte Wertungen, die so-ziale Ungleichheiten stabilisieren. Während die Praxis der Ehre von Einwander_innen einem negati-ven Stereotyp unterliegt, ist die mehrheitsgesellschaftliche Praxis der Ehre positiv besetzt.

Wenn die soziale Praxis der Ehre von Einwander_innen diskutiert wird, so kommt man schnell auf den Begriff Ehrenmord. Im öffentlichen Diskurs wird die Ehre von Einwander_innen mit Gewalt quasi gleichgesetzt. Durch eine nähere Beschäftigung mit dem Diskurs um den Ehrenmord anhand einer Medienanalyse kann die Stigmatisierung, die mit dem Begriff Ehre einerseits und die mit ihr verbundene Idealisierung der Normen der Mehrheitsgesellschaft andererseits besonders gut deutlich gemacht werden. Da die Schüler_innen schon für stereotype Verwendungen von Ehre sensibilisiert sind, können sie diese in medialen Darstellungen eines Ehrenmordes erkennen. Als Ergebnis einer solchen Analyse ist zu erwarten, dass die Schüler_innen erkennen, dass Ehre im Diskurs fest mit Gewalt und Unterordnung der Frau verknüpft wird und Einwander_innen aus muslimischen Län-dern kollektiv zugeschrieben wird. Gemeinsam können die Schüler_innen überlegen, wie einzelne Praktiken kritisiert werden können, ohne mit Stereotypen ganze Bevölkerungsgruppen zu stigmati-sieren. Als Produkt könnte z.B. ein Artikel, Hörfunk- oder Video-Beitrag über einen Ehrenmord produziert werden. Damit erfahren die Schüler_innen Handlungsmöglichkeiten, die sich der bloßen Reproduktion dominanter Diskurse widersetzen.

6.4 Fazit

Ehre ist ein Thema, mit dem alle Jugendlichen Berührungspunkte haben, sei es als explizit selbst geteilter Wert, sei es als mit anderen Begriffen umschriebene soziale Realität des Statuserwerbs, sei es in Form des öffentlichen Diskurses um den Ehrenmord. Das Thema bietet sich daher für eine Herangehensweise an, die von den Erfahrungen der Schüler_innen ausgeht, daraus begriffliche Unterscheidungen entwickelt und sich im Anschluss daran wieder der Praxis zuwendet, indem Handlungsmöglichkeiten eröffnet werden, die auf einem reflektierten Verständnis von Ehre beruhen. Ich habe vorgeschlagen, von dem alltäglichen Begriffsverständnis und der sprachlichen Verwendung in verschiedenen sozialen und sprachlichen Kontexten ausgehend verschiedene Bedeutungsebenen von Ehre herauszuarbeiten. Dabei kann ein Kernverständnis von Ehre entwickelt werden, welches in allen oder zumindest sehr vielen Kontexten präsent ist und die Erfahrungswelten der Schüler_innen miteinander verbindet, auf dessen Hintergrund auch Trennendes sowohl deutlich als auch besser verstanden werden kann. Mit einem reflektierten Begriffsverständnis von Ehre ausgestattet erkennen Schüler_innen, dass Ehre im öffentlichen Diskurs, von dem sie auch selbst betroffen sind und den sie reproduzieren, oft strereotypisiert dargestellt wird, was zur Aufwertung der Mehrheitsgesellschaft gegenüber abgewerteten ethnischen Minderheiten beiträgt. Anhand einer Auseinandersetzung mit dem Diskurs um den Ehrenmord decken sie stereotypisierende und stigmatisierende Verwendungsweisen von Ehre auf und erproben Möglichkeiten, der Vermeidung von Stereotypen. Im Ergebnis erwerben Schüler_innen ein reflektiertes Verständnis ihres eigenen Begriffs von Ehre, Empathie für andere Verständnisweisen und Deutungskompetenz in Hinblick auf die Verwendung von Ehre im öffentlichen Diskurs. Sie werden damit für die multidimensionale soziale Praxis der Ehre sensibilisiert, die sich nicht auf Stereotypen reduzieren lässt.

7. SCHLUSSBETRACHTUNG

Diese Arbeit begann mit der Beschreibung eines Widerspruches. Ehre ist in der heutigen deutschen Gesellschaft ein Begriff, der auf der einen Seite Hochschätzung, auf der anderen Abwertung mit sich bringt. Ich habe Ehre als eine Eigenschaft beschrieben, die durch bestimmten Normen entsprechendes Verhalten erworben werden bzw. durch sie verletzende Normen verloren gehen kann. Mit ihr erwirbt das Individuum Reputation und/oder Selbstwert. In einer pluralen Gesellschaft bestehen verschiedene, sich manchmal widersprechende Normen ehrenhaften Verhaltens. Dem Individuum stehen damit prinzipiell mehrere Quellen von Reputation und Selbstwert zur Verfügung. Jedoch ist der Zugang zu ihnen beschränkt. Beispielsweise steht eine mit großem Ansehen verbundene erfolgreiche Bildungskarriere angesichts institutioneller Diskriminierung nicht jedem offen. Wem dieser Weg verschlossen ist, der wird seine Ehre anderswo suchen. Darüber hinaus internalisiert das Individuum im Laufe seiner Sozialisation Normen, die bestimmte Verhaltensweisen gegenüber anderen als ehrenhafter erscheinen lassen. Auch wo einem Schüler aufgrund seiner hervorragenden Leistungen ein Studium offensteht, wird er womöglich früh heiraten und einen Beruf ergreifen, wenn seine Rolle als Familienvater für ihn mit größerer Ehre verbunden ist, als es die universitäre Bildung verspricht. In Anbetracht seiner normativen Orientierungen und seinen Möglichkeiten wählt das Individuum Verhaltensweisen, die ihm Reputation und Selbstwert einbringen. Die Ehre, die mit bestimmten Verhaltensweisen verbunden ist, unterliegt jedoch gesellschaftlicher Hierarchisierung. Während beruflicher Erfolg und Bildung großes gesellschaftliches Ansehen versprechen, ist z.B. das Engagement in Moscheegemeinden mit Stigmatisierung verbunden. Dabei sind es oft diejenigen, denen großes Ansehen versprechende gesellschaftliche Karrieren verschlossen sind, deren Praxen der Ehre Abwertung erfahren. So wird ihnen eine Quelle von Reputation und Selbstwert von der Gesellschaft „gestohlen"[161].

Schüler_innen sind von diesen Prozessen in vielerlei Hinsicht betroffen. Sie erfahren verschiedene Quellen des Erwerbs von Ehre in der Schule, in der *peer group* und der Familie, deren Normen einander oft widersprechen. Sie erhalten ein Bewusstsein für ihre Möglichkeiten, Reputation und Selbstwert zu erwerben. Die einen erfahren Hochachtung, die anderen Stigmatisierung, manche beides. Sie erlernen Praktiken des Statusmanagements.

Welchen Beitrag kann der Ethikunterricht zur Entwicklung der Schüler_innen leisten? Er kann *erstens* zur kritischen Reflektiertheit bezüglich der eigenen Normen ehrenhaften Verhaltens beitragen. Eine Auseinandersetzung mit den eigenen normativen Orientierungen kann zu einer besseren Ein-

---

161 Ewing, *Stolen honor.*

schätzung der Möglichkeiten des Erwerbs von Ehre führen. Dadurch können mögliche Konflikte zwischen widersprüchlichen Normen ehrenhaften Verhaltens gelöst werden. *Zweitens* kann der Ethikunterricht zum besseren gegenseitigen Verständnis beitragen, indem sich Schüler_innen über das Gemeinsame und Trennende ihrer Ehrbegriffe austauschen. *Drittens* vermag ein Unterricht, der die stigmatisierende Dimension von Ehre in den Blick nimmt, zur normativen Entwicklung der Schüler_innen beizutragen. Indem sie Ungerechtigkeiten in der gesellschaftlichen Verteilung von Ehre erkennen, können sie Handlungsmöglichkeiten entwickeln, wie ihr begegnet werden kann.

Anstatt Ehre als Instrument der Abgrenzung zu verwenden, sollte meines Erachtens das gemeinsame Erbe der Ehre stärker in den Blick gerückt werden. Die Auseinandersetzung mit verschiedenen Begriffen von Ehre hat das Potenzial, Menschen einander auf Augenhöhe näher zu bringen und möglicher Weise gegenseitiges Lernen voneinander zu ermöglichen. Die Schule ist ein wichtiger Ort der Begegnung von jungen Menschen verschiedener Hintergründe. Eine Beschäftigung mit unterschiedlichen Vorstellungen von Ehre im Ethikunterricht ist eine Möglichkeit, Empathie- und Kommunikationsfähigkeiten zu erlernen, die für das Zusammenleben in einer pluralistischen Gesellschaft wichtig sind.

8. ANHANG

8.1 Umfrage

Umfrage: Begriff der Ehre

Im Rahmen meiner Master-Arbeit an der Humboldt-Universität Berlin beschäftige ich mich mit Ehre als Thema für den Ethikunterricht. Ich möchte untersuchen, was junge Menschen unter Ehre verstehen und Vorschläge machen, wie man im Ethikunterricht über verschiedene Vorstellungen von Ehre ins Gespräch kommen kann.

Was verstehst Du unter Ehre?

_____

_____

_____

_____

_____

Bist du einverstanden, dass ich Zitate von Dir in meiner Arbeit anonym (also ohne Deinen Namen zu nennen) veröffentliche?

Vielen Dank für Deine Teilnahme!   Felix Mayer

8.2 Umfrageergebnisse

Schüler_in 1: Dass ich Sachen mache die ich möchte, nicht etwas zu dem ich gezwungen werde. Dass andere mich so respektieren wie ich bin und das sie meine Religion akzeptieren und nicht mit vorurteilen schlecht darüber reden.

Schüler_in 2: man hört öfters von Jugendlichen (Männl.), dass wenn jemand z.B. die Freundin des einen geküsst hat, dass er damit seine Ehre verletzt hat*. Für mich ist Ehre eher etwas, das von einem selbst kommt, worauf man stolz sein kann.   *(oder beschmutzt)

Schüler_in 3: Unter Ehre verstehe ich „Ruf", also den Ruf den man hat, wenn man z.B. streng oder nett ist. man sagt ja auch „für die Ehre meines Landes", damit ist meiner Meinung nach gemeint, für den Ruf meines Landes. Oder so ähnlich wie Stolz.

Schüler_in 4: Also wenn ich an den Begriff Ehre denke, denk ich immer dann das meine Mutter eine Ehre auf dem Spiel zu stehen hat, z.B. wenn ich rauche, dann denkt man ja ich habs von meinen Eltern und dann denkt man schlecht über meine Mama
Jeder Mensch besitzt Ehre

Schüler_in 5: man beehrt jemanden für gute taten.

Schüler_in 6: Ehre ist wie Stolz
  - Ehre ist für mich wie ein Rang.
  - Hat man Respekt vor dir wirst du normal behandelt
  - Hat man kein Respekt vor jemanden verspottet man ihn.
  - Respekt = Ehre (beachtet man deine Ehre)

Schüler_in 7: Ehre ist für mich ein anderes Wort für Stolz.

Schüler_in 8: Mich nicht wie den letzten dreck behandeln den ich habe Stolz den ich für den ich stehe also dazu stehe das ich bin wie ich bin und nicht wie die anderen das wollen ist ehre

Schüler_in 9:
  1. Wenn man bestimmt Würde trägt (etwas besonderes gemacht hat), oder etwas besonderes in Ehre hält (, also derjenige verehrt diesen Gegenstand usw.)
  2. man kann auch verehrt werden (z.B. Stars)
  3. man kann aber auch einen Ehrenpreis bekommen

Schüler_in 10: Ich finde Ehre bedeutet für mich jemand bestimmten kennen zulernen also Mann kann es nicht fanen (?) oder wenn man etwas in der Familie machen muss (Kopftuchtragen) und es nicht tut ist es eine verletzung der Familienehre! also Schande!

Schüler_in 11: Ich glaube, dass der Begriff Ehre, Ehre wenn etwas mit begeisterung bzw. etwas zur Hilfe anderer macht: Ihn verteidigt, ihn hilft, ihn bei schwierigen entscheidung und mobbing hilft das ist für mich Ehre.

Schüler_in 12: Ich glaub es gibt kein Wort, das Ehre direkt beschreiben kann. Für mich ist Ehre aber vor allem Selbstachtung. Zum Beispiel bei dem Spruch: „Hast du keine Ehre?", den ich öfters höre, wenn Leute etwas gemacht haben, bei dem sie denken, man sollte sich dafür schämen.

Schüler_in 13: Ehre ist für mich stolz über sich selbst zu haben und auf sich zu sein.
Wenn man das tut was man will und nichts schlimmes: „Ich habe Ehre!", wird von Schüler/in oft benutzt wenn wir etwas Niveau loses tun sollen und es nicht wollen.

Schüler_in 14: Unter Ehre verstehe ich das jeder Mensch seine eigene Ehre besitzt und je nach dem wie er sich verhält wächst oder schrumpft die Ehre, z.B. wenn man offen, ehrlich, Respekt zeigt und freundlich ist kann man sich seine Ehre aufbauen aber durch keinen Respekt und unfreundlichkeit kan die Ehre auch sehr schnell schrumpfen.

Schüler_in 15: Das man sich selber treu bleibt und dazu stehen was man macht. Aber keine asozialen oder beleidigende Aktionen macht. Und sich den Sachen stellen die auf einen zu kommen und Respekt zeigen.

Schüler_in 16: Ehre im Sinne von Stolz. Stolz zur Nationalität. Im Islam Jungfrau bis zur Heirat zu bleiben = Ehre. ← In dieser Glaubensrichtung. Um Ehre zu besitzen sollte man respektvoll, freundlich u.s.w. Sein. Ehrenmorde auch deswegen.

Schüler_in 17: Ich verstehe unter Ehre, sich freundlich gegenüber anderen zu verhalten und einen guten Ruf zuhaben. Also sich selbst treu zubleiben aber sich dennoch immer ehrenvoll zu verhalten (& gut in der Schule zu sein)

Schüler_in 18: Für mich ist ehre ein gefühl, das den Stolz meiner und meiner Familie beschreibt. Jedoch kann kan ehre auch andere bedeutungen haben: z.b. du hast ehrenvoll gehalndelt, das bedeutet da man nicht für sich selbst sondern zum wohle eines anderen gehandelt hat. Wobei solche taten die eigene ehre steigert.

Schüler_in 19: Ehre ist für mich, dass man z.B. zu seine Familie steht, oder auch zu seinen Freunden und dem/r Beziehungspartner/in. Ehre ist für mich auch noch, dass man sich selbst treu bleibt, denn wenn man sich verstellt verliern Menschen das Ehrgefühl von Dir. Außerdem ist es ehrenlos, wenn man lügt.

Schüler_in 20: Ehre trägt man in sich
das man sich leugnet ist Ehrenlos oder Elternteile oder sonstiges von anderen Menschen in der Dreck zieht

Schüler_in 21: Ehre ist etwas sehr wichtiges was einen Menschen ausmacht. Hat er Ehre, verdient er Respekt. Hast du keine Ehre oder hast du sie an andere verkauft, so hast du kein Stolz mehr. Stolz = du selber,- Ehre, = du bzw. Familie

Der Wunsch einer/s Schüler_in: Viel glück und viel Segen auf all deinen Wegen, Gesundheit und Frohsinn sei auch dabei!

9. LITERATUR

Anderson, Elijah. *Streetwise : Race, Class, and Change in an Urban Community.* Chicago u.a.: University of Chicago Press, 1990.

Appiah, Kwame. „Eine Frage der Ehre oder Wie es zu moralischen Revolutionen kommt." *Theologie und Philosophie: Vierteljahresschrift* 87, Nr. 3 (2012): 442–44.

Aristoteles. *Nikomachische Ethik.* Meiner Verlag, 1985.

Aristoteles, v384-v322. *Rhetorik. De arte rhetorica <dt.>.* Stuttgart: Reclam, 1999.

Arthur Schopenhauer. *Aphorismen zur Lebensweisheit.* 31. - 35. Tsd. Leipzig: Kröner, 1915.

Aschmann, Birgit. *Preußens Ruhm und Deutschlands Ehre : zum nationalen Ehrdiskurs im Vorfeld der preußisch-französischen Kriege des 19. Jahrhunderts.* München: Oldenbourg, 2013.

Ateş, Seyran. *Der Multikulti-Irrtum - Wie wir in Deutschland besser zusammenleben können.* Berlin: Ullstein, 2007.

Baxter, Diane. „Honor thy sister: Selfhood, gender, and agency in Palestinian culture". *Anthropological quarterly* 80, Nr. 3 (2007): 737–75.

Baxter, Vern, und A Margavio. „Honor, Self, and Social Reproduction." *Journal for the Theory of Social Behaviour* 41, Nr. 2 (2011): 121–42.

Benedict, Ruth. *The Chrysanthemum and the Sword.* Boston: Houghton Mifflin, 1946.

Berberich, Jana. „„Mord an der Ehre' - Ein philosophisches Theaterprojekt zum Thema ,Ehrenmord'". *Zeitschrift für Didaktik der Philosophie und Ethik*, Nr. Nr.1/2012 Philosophie und Islam (2012).

Berger, Peter. „Exkurs über den Begriff der Ehre und seinen Nidergang". In *Das Unbehagen in der Modernität*, herausgegeben von Brigitte Berger, 75–85. Frankfurt a.M., 1975.

———. „On the Obsolescence of the Concept of Honor". In *Changing Perspectives in Moral Philosophy*, herausgegeben von Stanley Hauerwas und Alasdair MacIntyre, 172–81. Notre Dame: Notre Dame University Press, 1983.

Bourdieu, Pierre. *Entwurf einer Theorie der Praxis.* Frankfurt a.M., 1979.

Brett, Nathan, und Katharina Paxman. „Reason in Hume's Passions". *Hume Studies* 34, Nr. 1 (2008): 43–59.

Burkhart, Dagmar. *Ehre : Das symbolische Kapital.* München: Deutscher Taschenbuch-Verlag, 2002.

Cunningham, Anthony. *Modern Honor : A Philosophical Defense.* New York u.a.: Routledge, 2013.

Dinçer, Özüm. *Namus ve Bekaret: Kuşaklar Arasında Değişen Ne? İki Kuşaktan Kadınların Cinsellik Algıları, Yüksek Lisans Tezi.* Ankara: T.C. Ankara Üniversitesi Sosyal Bilimler Enstitütü Kadın Çalışmalar Anabilim Dalı, 2007.

Edward W. Said. *Orientalism.* New York: Vintage Books, 1979.

Erben, Sayime. *Gewalt und Ehre : Ehrbezogene Gewalt aus Täterperspektive.* Freiburg im Breisgau: Centaurus, 2012.

Ewing, Katherine. *Stolen honor: Stigmatizing Muslim men in Berlin.* Stanford University Press, 2008.

Fernweh - Forum Tourismus & Kritik. *Im Handgepäck Rassismus Beiträge zu Tourismus und Kultur.* Herausgegeben von Martina Backes. 1. Aufl. Freiburg: Verl. Informationszentrum Dritte Welt, 2002.

Foucault, Michel. *Die Ordnung der Dinge : eine Archäologie der Humanwissenschaften. Les mots et les choses <dt.>.* 22. Aufl. Frankfurt am Main: Suhrkamp, 2012.

———. *Diskurs und Wahrheit: Die Problematisierung der Parrhesia. Sechs Vorlesungen, gehalten im Herbst 1983 an der Universität von Berkeley/Kalifornien.* Berlin: Merve-Verlag, 1996.

———. *Dispositive der Macht : über Sexualität, Wissen und Wahrheit.* Berlin: Merve-Verlag, 1978.

———. „Schriften : in vier Bänden. Dits et ecrits <dt.>." Suhrkamp, o. J.

———. *Überwachen und Strafen : die Geburt des Gefängnisses. Surveiller et punir <dt.>.* Frankfurt am Main: Suhrkamp, 2012.

———. *Wahnsinn und Gesellschaft : eine Geschichte des Wahns im Zeitalter der Vernunft. Histoire de la folie <dt.>.* Frankfurt am Main: Suhrkamp, 1996.

Galston, William A. „Two Concepts of Liberalism". *Ethics* 105, Nr. April 1995 (1995): 516–34.

Giordano, Christian. „Der ehrkomplex im Mittelmeerraum: Sozialanthropologische Konstruktion oder Grundstruktur mediterraner Lebensform?" In *Ehre - Archaische Momente in der Moderne*, herausgegeben von Ludgera Vogt und Arnold Zingerle, 172–92. Frankfurt a.M.: Suhrkamp, 1994.

Gray, Kevin W. „Rawls and the Problem of Honour". *Philosophia* 40, Nr. 2 (2012): 213–22.

Helm, Bennett W. „Love as Intimate Identification." *Philosophic Exchange*, Nr. 40 (2009): 2–18.

Herzfeld, Michael. *Anthropology through the Looking-glass: Critical Ethnography in the Margins of Europe.* Cambridge u.a.: Cambridge University Press, 1989.

Hobbes, Thomas. *Leviathan oder Stoff, Form und Gewalt eines kirchlichen und bürgerlichen Staates.* Frankfurt a.M.: Suhrkamp, 1996.

Kaufman, Whitley. „Understanding Honor: Beyond the Shame/Guilt Dichotomy." *Journal of Social Philosophy* 37, Nr. 4 (2011): 557–73.

Kay, Adam. „Reasoning about Family Honour among Two Generations of Hindu Indian-Americans." *Journal of Moral Education* 41, Nr. 1 (2012): 79–98.

Kirchner, Friedrich, Arnim Regenbogen, und Johannes Hoffmeister. *Wörterbuch der philosophischen Begriffe.* Hamburg: Meiner, 1998.

Krause, Sharon. „The Politics of Distinction and Disobedience: Honor and the Defense of Liberty in Montesquieu". *Polity* 31, Nr. 3 (1999): 469–99.

Krause, Sharon R. *Liberalism with honor.* Harvard University Press, 2002.

Kristeva, Julia. *Powers of Horror: An Essay on Abjection.* New York: Columbia Unversity Press, 1982.

Lindisfarne, Nancy. „Variant masculinities, variant virginities". *Dislocating masculinity: Comparative ethnographies*, 1994, 82.

Mernissi, Fatima. „Virginity and patriarchy". *Women's Studies International Forum* 5, Nr. 2 (1982): 183–91.

Meyer, Kirsten. „Moralische Bildung im Philosophie- und Ethikunterricht". In *Sozialerziehung in der Schule*, herausgegeben von M. Limbourg und G. Steins, 225–39. Wiesbaden: Verlag für Sozialwissenschaften, 2011.

Mojab, Shahrzad, und Nahla Abdo. *Violence in the Name of Honour : Theoretical and Political Challanges*. İstanbul: İstanbul Bilgi Üniversitesi Yayınları, 2004.

Norbert Elias. *Über den Prozeß der Zivilisation : soziogenetische und psychogenetische Untersuchungen. 2.. Wandlungen der Gesellschaft : Entwurf zu einer Theorie der Zivilisation*. Frankfurt am Main: Suhrkamp, 1994.

Oprisko, Robert L. *Honor : A Phenomenology*. New York u.a.: Routledge, 2012.

Peristiany, John G. *Honour and Shame : The Values of Mediterranean Society*. London: Weidenfeld & Nicolson, 1965.

Pfluger-Schindlbeck, Ingrid. *„Achte die Älteren, liebe die Jüngeren" : Sozialisation türkisch-alevitischer Kinder im Heimatland und in der Migration*. Frankfurt a.M.: Athenäum, 1989.

Putman, Daniel. „In Defence of Aristotelian Honour." *Journal of the Royal Institute of Philosophy* 70, Nr. 272 (1995): 286–88.

Rawls, John. *Political Liberalism*. New York u.a.: Columbia University Press, 1993.

Reiner, Hans. „Ehre". In *Historisches Wörterbuch der Philosophie. 2. D - F*, herausgegeben von Joachim Ritter, 319–22. Völlig neubearb. Ausg. des „Wörterbuchs der philosophischen Begriffe" von Rudolf Eisler. Basel u.a.: Schwabe, 1972.

Roberts, Julian. „Honour". In *Routledge Encyclopedia of Philosophy*, 502–4. London, New York: Routledge, o. J.

Ruoff, Michael. *Foucault-Lexikon : Entwicklung, Kernbegriffe, Zusammenhänge*. Paderborn: Fink, 2009.

Schiffauer, Werner. *Die Gewalt der Ehre : Erklärungen zu einem deutsch-türkischen Sexualkonflikt*. Frankfurt am Main: Suhrkamp, 1990.

Schopenhauer, Arthur. *Aphorismen zur Lebensweisheit (Aphorisms for wisdom of life)*. Wiesbaden: Matrix Verlag, 2010.

Schroth, Jörg. „Universalisierbarkeit und Partikularismus". *Argument und Analyse. Ausgewählte Sektionsvorträge des* 4 (2002): 608–17.

Seelmann-Park, Hoo Nam. „Universal Values or the Tyranny of Values". In *Universality, from Theory to Practice: An Intercultural and Interdiscplinary Debate about Facts, Possibilities, Lies and Myths : 25th Colloquium (2007) of the Swiss Academy of Humanities and Social Sciences*, herausgegeben von Schweizerische Akademie der Geistes-und Sozialwissenschaften Kolloquium, 96–118. Saint-Paul, 2009.

Senatsverwaltung für Bildung, Jugend und Wissenschaft. „Rahmenlehrplan Ethik für die Sekundarstufe I", 2012. http://www.berlin.de/imperia/md/content/sen-bildung/schulorganisation/lehrplaene/sek1_ethik.pdf? start&ts=1338470390&file=sek1_ethik.pdf (Zugriff: 13.03.2014)

Sherry B. Ortner. *Anthropology and Social Theory : Culture, Power, and the Acting Subject*. Durham ua: Duke UnivPress, 2006.

Simmel, Georg. *Gesamtausgabe. 11. Soziologie : Untersuchungen über die Formen der Vergesellschaftung*. Frankfurt am Main: Suhrkamp, 1992.

71

Speier, Hans. „Honor and Social Structure". *Social Research* 2, Nr. 1 (1935): 74–97.

Speitkamp, Winfried. *Ohrfeige, Duell und Ehrenmord : eine Geschichte der Ehre*. Stuttgart: Reclam, 2010.

Stewart, Frank Henderson. *Honor*. Chicago u.a.: University of Chicago Press, 1994.

Taylor, Charles. „The Politics of Recognition". In *Multiculturalism - Examining the Politics of Recognition*, herausgegeben von Amy Gutman. Princeton: Princeton University Press, 1994.

Toprak, Ahmet. *Das schwache Geschlecht - die türkischen Männer : Zwangsheirat, häusliche Gewalt, Doppelmoral der Ehre*. Freiburg im Breisgau: Lambertus, 2005.

Welchman, Lynn, und Sara Hossain. „Introduction:'Honour', Rights and Wrongs", 2005. http://eprints.soas.ac.uk/3446/1/Welchman_and_Hossain,_'Honour',_rights_and_wrongs_20 05.pdf (Zugriff: 13.03.2014).

Wilms, Yvonne. *Ehre, Männlichkeit und Kriminalität*. Münster: LIT, 2009.

Zingerle, Arnold. „Die Systemehre. Stellung und Funktion von Ehre in der NS-Ideologie". In *Ehre - Archaische Momente in der Moderne*, herausgegeben von Ludgera Vogt und Arnold Zingerle, 96–116. Frankfurt a.M.: Suhrkamp, 1994.